Christoph Gusel

45 Wochen
Familiensegeln im
Mittelmeer

DELIUS KLASING VERLAG

Dieses Buch entstand auf der Grundlage unseres Blogs, den wir während der Reise anonym betrieben haben. Ohne viel darüber nachzudenken, nannten wir uns nach Gusto Mamabert, Papabert und Kindbert – aus Jux und Tollerei. Die Namen haben wir zur Erinnerung an diese Erlebnisse beibehalten.

INHALT

7 MUFFENSAUSEN
- 11 ROVINJ UND DAS FKK-KLO
- 17 PULA – GLADIATOREN UND BORA
- 27 ILVA AUF SEE – WO ICH NICHTS MEHR SEH'
- 33 VOM SCHLAFZIMMER ZUR WINDFAHNE
- 36 BRINDISI – DIE PERLE IM ABFALL
- 43 DIE SCHEINTOTE GLÜCKSSAU IN DER STRASSE VON MESSINA
- 47 ÜBER UMWEGE NACH REGGIO
- 49 WELCOME TO SAVERIO CITY

59 DIE LIPARISCHEN INSELN – PARADIESE GANZ NAH
- 75 VON SIZILIEN NACH SARDINIEN
- 77 SARDINIEN – FAHRTENSEGELN FÜR REICH UND SCHÖN
- 83 DREI TAGE AUF SEE – SPANIEN ERWARTET UNS
- 91 MALLORCA, WIR LIEBEN DICH
- 95 CABRERA – HIMMEL ODER HÖLLE – ODER BEIDES
- 101 EIN HOCH AUF DIE PITYUSEN!
- 105 YACHTTRAUM, SEIFENSCHAUM
- 109 AKTIV IN ALICANTE – SPORTLICH MODERN MIT HEISSEM BLICK
- 119 DER IDEALE BADEGAST – BADEGASTICUM IDEALUM
- 123 CARTAGENA – FUSSBALL UND TAPAS
- 125 ANDALUSIEN – HEISSES PLASTIK, KALTE WÜSTE
- 141 AFRIKA RUFT

144 GUADIX – VOM FORTBESTAND DER HÖHLENMENSCHEN
- 147 HERMANN MAIER – SURREAL
- 153 VON MANDARINEN, MOSCHEEN UND MUEZZIN-APPS
- 161 MARKTWIRTSCHAFT DE MAROC
- 171 WEM DIE STUNDE SCHLÄGT – ALMERÍA TSCHÜS BABA
- 175 WEGE NACH NORDOST – UNGEWOHNTE HÖHEN UND TIEFEN
- 179 DIE TIGER VON CALPE
- 187 KEIN SCHALK – STRESS IM NACKEN!
- 189 BARCELONA – METROPOLE IM WOHNZIMMER
- 192 EL MASNOU – MUSCHELZUCHT FÜR UNTERWEGS
- 195 VON SPANIEN AN DIE CÔTE D'AZUR
- 201 PORQUEROLLES – INSEL MIT TRAUMSAND. IST DER MIT OHRSAND?
- 207 ROMANTIK PUR AN DER PRESQU'ÎLE DE SAINT-TROPEZ
- 213 PORTO VENERE UND DER LETZTE SUNDOWNER

219 EPILOG – EIN RÜCKBLICK

Muffensausen

18. Juli. Es ist ein Uhr früh, Kurs 65°, stockdunkle Nacht. Es geht Richtung Côte d'Azur, quer durch den Golf von Lyon. Wir haben die große Überfahrt gewagt, mehr als 100 Seemeilen liegen noch vor uns. Wir sind mitten im Meer, umgeben von Wasser und Sternen.

Das Wetter ist gut. Mindestens drei Tage lang sollen angenehmste Bedingungen herrschen. Nun aber ist Wind aus Nordwest aufgekommen. Nicht viel, aber immerhin mehr als in der Vorhersage. Wir sitzen zu zweit im Cockpit, trinken Grüntee und essen Kekse von vorgestern. Chips hängen uns schon zum Hals raus. Der aufkommende Wind gefällt uns gar nicht. Wir checken nochmals die Wetterdaten am Handy und schauen, ob wir etwas übersehen haben.

„Nein", sagt Alfons, „es dürfte nicht mal ein Hauch zu spüren sein. Nicht in der Nacht."

Gut, dann wird sich das gleich legen. Vermutlich nur ein lokales Spielchen der Elemente. Noch bevor wir wissen, was vor sich geht, hat ILVA um zwei Knoten beschleunigt und stampft auf einmal durch die anrauschenden Wellen. Der Mistral wütet hier im Durchschnitt 300 Tage im Jahr. Er ist unter Seglern einer der gefürchtetsten Winde Europas. Schon Wochen vor diesem Törn hatten wir lang und breit die Wetterberichte gecheckt.

Alfons fällt der Keks aus der Hand. Er ist zum ersten Mal auf einem Segelboot. Eigentlich ist er mehr ein Freund von rollenden Mutterleibern, sogenannten Autos, die auf der Straße so gar nicht von irgendetwas abhängig sind, außer von Benzin vielleicht. Aber Benzin gibt es an jeder Ecke zu kaufen. Segeln in

Im winterlichen Mittelmeer.

der Nacht im Blindflug, ohne was zu sehen, ist so gar nicht sein Ding.

Das AIS vermeldet einen Alarm. Nun gut, ein Tanker kreuzt unseren Kurs. Bei den längeren Überfahrten passiert das manchmal alle zehn Minuten. Die großen Schiffe kommen von Marseille und fahren Richtung Barcelona. Ich hechte zur „Windvane" aufs Achterdeck und versetze den Kurs in Richtung 70°. Das müsste reichen. Und der Wind wird sich auch gleich wieder legen, versichere ich Alfons. Die Handy-Wetterdaten haben bis jetzt immer gestimmt.

Da trifft uns die nächste Böe. Nein, es ist keine Böe. Es ist Wind, stetig, kräftig. Er ist kühl und trocken, so wie der Mistral. Habe ich gerade Mistral gesagt?

„Wir gehen kein Risiko ein", rufe ich Alfons zu. Wir reffen die Segel, Groß ins zweite, die Genua rollen wir auf Taschentuchgröße ein, vorsorglich. Hier ist etwas im Gange, nur was? Die Wellen sind – Angst und Dunkelheit abgezogen – schon zwei Meter hoch. Ich tue so, als sei das alles normal und gebe mich abgebrüht.

„Das ist nur ein kleiner Druckunterschied hier mitten im Golf. Das müsste sich normalerweise gleich legen. Hatten wir schon öfter", sage ich, ohne nun aber selbst dran zu glauben.

Alfons schaut mich finster an. Vielleicht denkt er, ich verarsche ihn? Mittlerweile ist Heribert, das dritte Crewmitglied, erwacht. Er hängt zwischen den Handläufen im Salon.

„Ist alles okay", beruhige ich ihn. „Der Wetterbericht verspricht eigentlich Flaute zwischen zehn Uhr abends und sechs Uhr früh. Das wird gleich vorbei sein. Aber wenn wir schon dabei sind, legen wir doch gleich die Rettungswesten an", höre ich mich sagen, „wer weiß, was noch kommt."

Und es kommt. Der Wind nimmt stetig zu. Schon mindestens Windstärke fünf. Die Wellen schieben sich unter uns durch wie Züge. Weiße Schaumkronen erscheinen im Dunkel der Nacht und verschwinden so schnell, wie sie heranrollen. Manche Brecher überschlagen sich. Ihr lautes Zischen klingt, als wolle es die Nacht zersäbeln und in Stücke hacken. Alfons wird langsam unwohl. So habe er sich das nicht vorgestellt.

„Das Wasser kann ILVA nichts anhaben", versichere ich ihm, „ILVA ist gebaut wie ein Panzer, auch der größte Sturm macht ihr nichts aus. Mit ein bisschen Wind sind wir jedenfalls schneller da als erwartet", sage ich.

Ein bisschen Optimismus tut immer gut. Und außerdem schiebt der Kapitän immer als Letzter Panik. Mal gelesen im Handbuch „Psychologie an Bord". Heribert gesellt sich ins Cockpit. Im Seglergewand und mit Stirnlampe versucht er, sein Buch fertig zu lesen. Die erotischen Schriften von Georges Bataille. Na gut, da wird ihm sicherlich warm ums Herz, denke ich. Und dann? Ein lauter Knall. Verdammt, was war das? Ein Ruck geht durch das Schiff mitsamt seinen an Bord befindlichen Urlaubern, gefolgt von einem lauten Kratzen unter uns. Ein paar Sekunden lang dauert das. Eine gefühlte Ewigkeit. Wir beugen uns über die Reling, neigen unsere Köpfe in Richtung Wasser, suchen nach irgendwelchen Teilen im schwarzen Nichts. Was geht da bloß vor sich? Eine weitere Böe trifft uns. Noch mehr Schräglage. ILVA beginnt unermüdlich stark zu rollen. Wir können doch gar nichts dafür, denke ich, wir sind doch nur unschuldige Bergmenschen mit dem Hang zum Überschwang! Nur ein bisschen Spaß, mehr ist es doch gar nicht.

Auch Alfons holt sich seine Seglerjacke. Er verschwindet im Niedergang. „Hat jemand von euch ein Fenster offen gelassen?", fragt er.

Wir verneinen und fragen warum.

„Da schwappt Wasser im Boot."

Was? Wie? Wasser im Boot? Ich steige nach unten. Tatsächlich. Ein kleines Rinnsal schwappt je nach Lage herum. Eine leere Kekspackung schwimmt obenauf. Es ist nicht zu sehen, woher das Wasser kommt. Wie lange brauchen wir noch bis Marseille? Ich krame die Karten hervor, trage unsere jetzige Position ein und messe. Immer noch 35 Seemeilen. Das sind mindestens sechs Stunden. Bis dahin wird es jedenfalls schon hell sein. Ich reiße ein Schapp nach dem anderen auf, hole mir die Taschenlampe und schaue, wo dieses verdammte Wasser herkommt. Es ist jedenfalls Salzwasser, also kommt es von draußen. Die Sache mit dem einlaufenden Wasser hatten wir schon mal. Damals war es aber nur Trinkwasser vom bootseigenen Tank. Nun garantiert nicht. Ich kann nichts entdecken, kein Loch, keinen Riss. Aber alle Verkleidungen kann ich auf die Schnelle nicht entfernen. Und schon gar nicht bei dem Geschaukel.

Nach Norden sind es nur etwas über 20 Seemeilen. Das wäre aber fast gegen den Wind, also sehr langsam und holprig. Wir besprechen kurz die Lage und beschließen, nach Norden zu gehen, an die Küste, in den Hafen oder in die Nähe von Land. Jeder hier möchte Land spüren, Handstände, Purzelbäume oder sonst was machen.

Der Wind hat nochmals zugelegt. Windstärke 7. Mistral aus Nordwest. Wir rollen die Genua ganz ein, entkoppeln die „Windvane" und schießen in den Wind. Manche Brecher schlagen schon aufs Deck. Maschine starten. Ich gehe zum Steuerstand und drehe den Zündschlüssel. Nichts passiert. Nochmals. Langsam jetzt. Vorglühen, bis sieben zählen, dann den Schlüssel rumdrehen. Der Starter rattert, aber die Maschine kommt nicht. Ich habe schon lange beschlossen, nicht mehr zu fluchen.

Ich denke an einen schwarzen Verlängerten mit Cremeschnitte bei der Aida im neunten Bezirk in Wien, an Sonnenschein, verspiegelte Wände, an die Kellnerinnen in ihrem rosa Dress. Ich denke an die Vitrine mit ihren Köstlichkeiten, an die Lieblings-Kardinal-Schnitte und das begehrte Majonnaise-Ei. Nochmals starten. Der Starter arbeitet. Nichts passiert. Wir verkeilen uns im Cockpit wie auf einem wild gewordenen Stier und schauen uns an.

„Nun, Leute, wird es langsam ernst. Wir reißen uns jetzt zusammen und bringen das Boot zur Küste. Wenn nicht mit der Maschine, dann unter Segel. Wer will noch Tee? Wieso will niemand Tee?"

Langsam mischt sich das Quaken einer Ente in den Aufruhr. Quak, quak, quak, immer wieder. Der Handy-Wecker. Ich öffne die Augen und reiße die Tür zum Cockpit auf. Mamabert und Kindbert liegen auf den Cockpit-Bänken. Beide heben die Köpfe. Ich sehe nichts als Zähne, höre sie lachen. Nichts von Wind, Unruhe, Nervosität oder gar Wellen zu sehen. Ich habe geträumt, jetzt ist es fix. Niemand bewegt sich schneller als üblich auf einer Segelyacht. Eine Familie auf Urlaub. Worte werden gewechselt, der Himmel bestaunt. Eine schöne Szenerie. Die Maschine brummt ruhig vor sich hin, der Autopilot bemüht sich. Fast kann ich es nicht glauben. Ich beruhige mich. Meine Schicht beginnt.

„Wir kommen bald in die Nähe der Küste", vermeldet Mamabert.

„Ach ja, danke, ich komme gleich. Nur noch fünf Minuten." Ich knalle meinen Kopf in den Polster, schalte das Gequake des Handys ab. Ich muss mich nur noch kurz erholen von diesem Traum.

Rovinj und das FKK-Klo

Am 1. Juli 2013 ging es los. Es lockte uns die weite Welt: unzählige Seemeilen, Küsten, die zum Schnorcheln einluden, Spezialitäten wie Ajvar und Pljeskavica, Kroatien. Das Auto wurde noch schnell verkauft, letzte Tränen des Abschieds mit Verwandten und Freunden wurden vergossen, und schon waren wir draußen aus dem Kanalsystem von Monfalcone. Schwer wie ein Lastwagen, kühn wie James Cook in seinen alten Tagen.

Die Fahrt nach Istrien war für uns frischgebackene Segelneulinge alles andere als einfach. Wind aus Süd – Kurs Süd, schlecht für ein Segelboot, etwas langsam und beide Male eine etwas zu lange Tagesetappe gewählt. Es war sehr interessant bis beinahe unglaublich zu sehen, wie lange man durch die Bucht von Triest segeln kann. Eine steile Welle lief genau auf unseren hochgezogenen Bug und erschwerte uns das langsame Gewöhnen an die Schiffsbewegungen. Kindbert schlief die meiste Zeit und bekam seine Sea-Bands angelegt. Diese Bänder sollen ja Menschen von ihrer Seekrankheit befreien, durch Akkupressur an den Handgelenken. Wir mussten aber selbst noch checken, ob das wirklich half. Bislang war Kindbert bei jeder Fahrt sofort eingeschlafen. Dazwischen, wenn er kurz mal wach war, stellte Mamabert den Rekord im Dauervorlesen auf und Papabert den Steuer-Rekord im Inseln- und Tankerumrunden.

Die eindrucksvolle Bucht von Rovinj mit den unzähligen Muringbojen sollte nach einem kurzen Zwischenstopp in Umag ein erster Ort sein, um über das, was wir gerade im Begriff waren zu tun, nachzudenken. Wir saßen im Cockpit und ließen uns

Das schöne Rovinj (folgende Doppelseite).

die Sonne auf den Bauch scheinen. Ja, wir hatten uns aus dem Sumpf der Alltagsträgheit rausgekämpft und tatsächlich die Leinen losgeworfen. Es war fast nicht zu glauben, dass wir mit dem Schiff, das wir vor einer Ewigkeit in Holland gekauft hatten, nun vor einer Traumkulisse in Kroatien plantschten. Schnee und Eis waren Geschichte und vergessen. Und Zeit für uns selbst hatten wir obendrein. Vielleicht machte die Sonne auf dem Bauch auch die Ängste kleiner, die Freude größer – wir fühlten uns jedenfalls sehr gut. Vielleicht war es aber auch die lange Mühsal der Baustelle, die endlich überwunden war.

In den letzten Wochen vor dem Kran-Termin in Niederösterreich arbeiteten wir meist noch von sieben Uhr morgens bis ein Uhr nachts. Das war alles andere als romantisch. Die Augenringe wurden bald so breit wie Autobahnen, die Schwielen an den Händen ersetzten die Handschuhe. Nun war das alles vorbei. Nun war Wirklichkeit geworden, was wir uns so lange schon gewünscht hatten. Nun hatten wir tatsächlich das Meer unter uns – rund um die Uhr. Morgens sprangen wir schon vor dem Frühstück ins Wasser, abends nach dem Essen das letzte Mal.

Aber alsbald dämmerte uns auch, dass es kein Zurück mehr gab. Das, worauf wir nun schon viele Jahre hingearbeitet hatten, war jetzt und genau in diesem Moment Realität. Das „Was-wäre-wenn-Sprüchlein" war bedeutungslos. Wir mussten alles jetzt so nehmen, wie es kommen würde, ein Jahr lang. Ein Leben zwischen den Elementen: zwischen dem, was unter uns, und dem, was über uns war. Ein Leben auf einem Schiff: hinreißend gemütlich und doch manchmal anspruchsvoll, alle Sinne fordernd.

Und just bei diesem Gedanken machte eine Dame auf der Yacht neben uns ihr großes Geschäft – aber nicht auf der bootseigenen Toilette, sondern von der Reling aus – abwärts ins Meer, ganz entspannt mitten im Bojenfeld von Rovinj. Hui, das war ja Natur pur. So viel davon wollten wir doch gar nicht. Es wird hier nicht geangelt, Kindbert! Es war weder schrecklich schön noch ganz schön schrecklich, sondern wahrscheinlich ab jetzt normal. Das gehörte anscheinend beim Segeln in der Adria einfach mit dazu – diese übertriebene Natürlichkeit. Wir hatten ja schon öfter in einschlägigen Magazinen gelesen, dass Herr und Frau Mitteleuropäer das Segeln gern mit einem FKK-Urlaub verwechseln. Im Vergleich zum Rest der Welt, so die Autoren einiger Seglerlektüren, durfte diese Eigenart durchaus „exotisch" genannt werden und stellte mitunter einen, wenn auch skurrilen Grund dar, mit seiner Yacht hierher zu fahren.

Trotz aller Natürlichkeit lockte uns Rovinj mit der schönen Altstadt und der traumhaften Bucht mit dem nahen Wald. Nicht zu übersehen war die Stelle, wo die Menschen von ihren Yachten an Land gingen: Derart viele Dinghis (gemeint sind die Beiboote

Pullen in Umag.

aus Gummi oder Plastik) hatten wir noch nie auf einem Haufen gesehen. Manch einer hatte seine Sorgen an Bord richtiggehend „maximiert". Ein Leben auf einem Schiff ist ja nichts ohne zusätzliche Aufgabe wie zum Beispiel Haustierhaltung. Für uns war diese besondere Seglerspezies ein willkommener Hingucker. Da gab's allzeit heitere Szenen zwischen dominantem Tier und entmachtetem Herrchen. So schoben, zogen oder warfen manche Yachtmenschen auch dann ihren Hund in ihr Dinghi, wenn dieser sich gar arg sträubte und sicherlich auch mehr Gewicht hatte als Herrl und/oder Frauerl. Das sah mitunter lustig aus. Manche Gespanne kamen in gewissen Situationen emotional und auch vom Gewicht her an ihre Grenzen. Aber groß auslachen durften wir niemanden, denn wir waren schon damit ausreichend beschäftigt, trocken ins Dinghi rein- und wieder rauszuklettern. Vom Heck per Badeleiter ins Beiboot zu steigen war bei Schwell oder Wellen gar nicht so einfach, wie es wohl aussah. Das führte immer wieder zu lustigen Verrenkungsspielen mit teilweise preisverdächtigen Balanceakten. Vor allem, wenn wir wichtige Dinge wie Geldbörse, Kreditkarte oder Laptop mit dabeihatten. Da brauchte niemand mehr ins Kino zu gehen, um ein bisschen Spannung zu konsumieren. Von diesen Momenten hatte man am Boot stets genug.

Pula – Gladiatoren und Bora

In Pula machten wir zum ersten Mal Bekanntschaft mit der gefürchteten Bora, dem Wind, der unter Seglern stets ein Dauerbrenner ist. Im Winter verursacht der Sturm mit über 200 Stundenkilometern immer wieder schwere Schäden an den Küsten. In vielen windgeplagten Zonen in Kroatien werden die Hausdächer deswegen auch betoniert und mit extra dicken Fenstern gebaut. Böig, kalt und aufreibend zischte sie nun von Norden her über die unzähligen Riggs im Hafen von Pula und brachte die Masten und Wanten zum Singen. Etwas angestrengt und nervös versuchten wir unser erstes Anlegemanöver bei Starkwind. Die Bora hatte zum Glück erst eingesetzt, als wir fünf Seemeilen vor der Küste die Segel bargen. Langsam nahm sie in den Böen zu. Aber das war uns egal, denn wir enterten schon das Hafenbecken und versuchten, mit einem Marinero Winkkontakt herzustellen. Eingeparkt und Leine um den Poller! Kein Problem – wo war der Haken? Obgleich uns das Manöver sicherlich mehr passierte, als dass wir in der Lage gewesen wären, alles im Vorfeld richtig einzuschätzen, gelang das Anlegen reibungslos.

Ein Marinero geleitete uns per Fahrrad in eine freie Parklücke, in der direkt neben uns eine zweite Trintella III stand: BATOO, unter englischer Flagge. Bei einer gefertigten Serienanzahl von 120 Stück weltweit war das ja mal ein toller Zufall. Schon etwas in die Jahre gekommen diese Trintella, sagten wir uns, aber seglerisch intakt und wahrscheinlich auch unzählige Male öfter als unsere gesegelt.

Voll Freude, dass es weitere Trintellas anscheinend doch noch in jedem Winkel der Adria gab, erschienen Jerry und Zack, zwei

Hochspannung vor den Gladiatorenkämpfen im Amphitheater von Pula (folgende Doppelseite).

Schiffstechniker aus England. Beide waren sie in ihren besten Jahren. Jerry hatte sein halbes Arbeitsleben lang in den Maschinenräumen großer Schiffe zugebracht, um dort riesige Motoren zu warten oder einfach nur den Gashebel zu bedienen. Je nachdem, was der Kapitän auf der Brücke wollte. Zack hatte letztes Jahr sein rechtes Bein unterhalb des Knies verloren. Er musste bei schwerer See als Steuermann vom Schlepper auf einen Frachter springen, um das Ungetüm in den Hafen zu manövrieren – bei Sturm und hohen Flutwellen. Für ihn war das Routine, viele Jahre lang war ihm nichts passiert. Bis an diesem Tag die Schiffe durch eine unruhige See aus dem Takt gerieten. Zack wurde auf die Plattform des Frachters geschleudert, aber nicht weit genug. Und mit dem nächsten Wellental war es dann vorbei. Die stählerne Plattform trennte ihm das Bein unterhalb des Knies ab, weshalb er nunmehr mit einer Prothese überaus wendig an Bord herumhüpfte. Zack tat uns leid. Sein Bruder, wie er uns erzählte, schenkte ihm beim Aufwachen aus der Narkose einen ausgestopften Papagei und setzte diesen auf seine Schulter – denn er sei jetzt ein richtiger Pirat. Piraten haben ja immer nur ein Bein. Zack brauchte nicht nach unten zu schauen, um zu wissen, wie es um ihn stand. Er aber machte aus der Not eine Tugend und ging weiter segeln – in der Adria gefiel es ihm am besten, mit seinem Freund Jerry.

Aber nicht nur mit Jerry und Zack sollten wir eine Menge Spaß haben und echten schwarzen Humor kennenlernen. In Pula bekamen wir auch Besuch von zwei Freundinnen aus Wien. Ulla und Berta. Einige Jahre zuvor hatten wir ihnen von unserem Plan erzählt. Schon damals hatten sie gesagt, sie würden uns gern mal besuchen, wenn wir tatsächlich im Mittelmeer mit unserem Boot unterwegs wären. Das war vor fünf Jahren gewesen. Die Freude war übergroß, als die beiden im Hafen ankamen. Das Grillrestaurant von Pula wurde besucht, auch die Hafenbar und eine Gladiatoren-Show im antiken Theater aus dem ersten Jahrhundert. Kindbert ließ sich vom Geschrei der Mannen mit ihren Schwertern beeindrucken. Gestorben ist zum Glück niemand dabei.

Etwas ausgelassen und weil vielleicht doch zu viel Wein verkostet wurde, beschlossen wir kurzerhand, am nächsten Tag abzusegeln. Zwar hatte sich die Bora immer noch nicht gelegt, aber sie war weit schwächer als in den Tagen zuvor.

„Das bisschen Bora wird sich legen", sagte Papabert.

Das sagten ja auch die Wetterdienste. Außerdem schienen die Böen in Frequenz abzunehmen, ein gutes Zeichen. Alle brannten schon darauf hinauszusegeln. Mali Losinj lockte uns mit wunderbaren Buchten zum Ankern und Schnorcheln. Wer konnte da widerstehen? Das Vorhaben war aber zugegeben etwas verwegen. Denn die Bora war noch lange nicht vorbei. Im Hafen strich alle paar Minuten eine steife Böe über uns hinweg. Auf der offenen See – das wussten wir damals noch nicht – war alles noch viel schlimmer. Aber wir sollten es schnell lernen.

Mit der Hilfe von Jerry und Zack, die uns mit letzter Kraft mittels Hilfsleinen vom Abdriften im engen Hafenbecken sicherten, schafften wir es gerade noch hinaus aus der Parklücke, obwohl uns eine kräftige Böe fast in die Buganker auf der anderen Seite gedrückt hätte.

Als Langkieler war ILVA bei wenig Fahrt mit der Maschine nicht einfach zu manövrieren. Um sie zu drehen, benötigte es viel Gas und Vorausfahrt. Rückwärts fuhr sie dorthin, wohin sie wollte, je nach Wind, Strömung oder Laune. Aber dennoch: Das Manöver glückte, und schon ging es hinaus aus der riesigen Bucht von Pula, Richtung Mali Losinj.

„We will meet us in Zadar", schrien uns Jerry und Zack noch nach.

„Thanks for your assistence", schrien wir zurück, „see you later alligator."

Der Wind ließ aber leider gar nicht nach. Damals wussten wir noch nichts von den Grib-Files (den Wetterdaten), die man per Handy runterladen konnte und die eigentlich immer stimmen. Damals verließen wir uns auf die Wettervorhersagen, die über Funk täglich durchgegeben wurden. Wir fragten normalerweise auch die Leute im Hafen oder die Fischer in ihren Booten, während sie ihre Netze von den Krabben befreiten. Die Frage war auch ohne Kroatisch zu können sehr einfach: „Bora?" Schon wusste jeder, was man wissen wollte. Nur am Tag zuvor hatten wir bewusst oder unbewusst darauf verzichtet. Der Drang zu segeln war einfach stärker. Wahrscheinlich waren wir ein bisschen zu forsch, vielleicht auch fahrlässig. Mit Sicherheit aber war es ein Anfängerfehler, der uns später in der Form nicht mehr passieren sollte.

Die Wellen hatten sich mittlerweile zu kleineren und größeren Brechern aufgebaut und ließen uns hoch am Wind segelnd genau in Richtung Ziel driften: der Südspitze von Losinj. Bei Windstärke 6 machten wir uns zum ersten Mal mit ILVA richtig vertraut. Sie stampfte schräg in die Wellen rein und wieder raus, wurde in den Wellentälern gierig nach mehr, um im nächsten Atemzug wieder anzuheben und nach vorn zu kippen. Die Gischt donnerte über die Sprayhood. War das etwa die Art zu segeln, von der so viele Menschen mit glitzernden Augen erzählten? Wahrscheinlich. Jedenfalls machte es Papabert überglücklich, mit sieben Knoten durch die Wellen zu rauschen und dem Wind Paroli zu bieten, obwohl manche Brecher richtig furchterregend aussahen. Es machte sich langsam der Eindruck breit, das

Projekt „Schiffsrenovierung" könnte tatsächlich gelungen sein. Alles hielt, nichts löste sich, das Rigg war stabil, die Segel zogen gleichmäßig und ließen sich gut reffen, die Geschwindigkeit war höher als erwartet, das Steuerrad lag perfekt in der Hand. Darf es noch ein bisschen mehr sein, dachte sich nicht nur Papabert.

Aber mittlerweile wurden die Spitzen der Wellen schon vom Wind mitgerissen – die Bora war alles andere als am Abklingen. Mit nur minimal gesetzter Genua und doppelt gerefftem Großsegel liefen wir acht Knoten. ILVA schien eine richtige Rennmaschine geworden zu sein. Die Schräglage war für unsere Begriffe extrem. Im Salon flog alles wild durcheinander, Bücher, Polster, Rucksäcke, Töpfe, Stifte und Spielzeug. Kindbert schlief auf dem Cockpitboden, eingekeilt zwischen Mamaberts Beinen. Leider wurden nicht alle Personen an Bord von Glücksgefühlen heimgesucht. Ulla musste sich mindestens 20 Mal übergeben. Wir gaben ihr unseren Abfalleimer, der während der Wellenpausen immer wieder mal entleert wurde. Die Arme hatte die Medikamente zu spät eingenommen und sie daher wahrscheinlich mit den ersten Magensäften in den Kübel ausgeworfen. Nun half ihr nichts mehr, außer durchzuhalten und sich auf den Horizont zu konzentrieren. Papabert musste ein paar Mal aufs Vordeck, um den Spinnakerbaum zu fixieren und die mittlere Scheibe unserer Sprayhood zu schließen. Denn der Wind zog mittlerweile arg durchs Cockpit und uns ins Gesicht – mit allem was dazu gehörte: Salz und Fliegen. Die robbende Fortbewegungsmethode war ab jetzt Programm und quasi amtlich vorgeschrieben. So auch der Brustgurt mit Lifeline. Aber war das nun eine vierstündige Achterbahnfahrt oder die Fortbewegungsart unserer nächsten Monate? Wir hofften Ersteres.

Endlich kam die Bucht von Losinj in Sichtweite. In der Abdeckung der Felsen sollten wir Schutz vor diesen fiesen Bedingungen finden. Wir rollten die Genua ein und versuchten, den Motor zu starten. Doch er kam nur langsam in die Gänge und machte anfangs ein komisches glucksiges Geräusch. Durch die starke Schräglage war vermutlich Seewasser über den Auspuff in den Zylinder zurückgeflossen. Hier war etwas faul, und zwar etwas, mit dem nicht zu spaßen war. Die Maschine war das Herzstück unserer schwimmenden Wohnung. Da wollten wir uns auf keine Experimente einlassen. Zu riskant die Vorstellung, bei schlechtem Wetter oder Sturm die Maschine zu Schrott zu verarbeiten, nur weil die Auspuffanlage nicht ordnungsgemäß installiert war. Nun gut, diese Geschichte zog sich noch bis Mallorca hin. Denn die gewünschten Bauteile für den Auspuff waren in den kleinen Häfen nicht zu haben ohne Bestellung und wochenlange Wartezeiten. Doch das Leben ging weiter – so auch unsere Reise.

Geschützt von Wind und Wellen fuhren wir in der Nähe von Losinj in eine Bucht, so schön wie ein tropisches Urlaubsparadies. Reinstes Wasser, ein verlassenes Haus im Romantik-Look und eine wilde Küste ohne Menschen. Was wollten wir mehr? Wir ankerten bei zwölf Metern Tiefe und konnten den Anker mit freiem Auge sehen. Mit Kindbert im Dinghi besuchten wir die kleine Insel, die ausschließlich bevölkert war von Millionen von Spinnen. Mit ihren riesigen gesponnenen Fallen machten sie Jagd auf alles, was sich bewegte. Wir fühlten uns ein bisschen wie Frodo, der berühmte Hobbit, als er sich gegen die Spinne wehren musste und sich in ihrem Netz verfing.

Schon am nächsten Tag war der Wind gnädig, und die Wellen wurden gemütlich. Zu fünft segelten wir weiter Richtung Pag in die nächste Bucht. Es wurde gekocht, gespielt, gesungen, spaziert, gewandert, gebadet und getaucht. Mit vier Köchen, die eben doch nicht immer den Brei verderben, kochte es sich fabelhaft und abwechslungsreich: Krautsuppe, Kuchen, Fisch, Wiener Schnitzel, was das Herz des Mitteleuropäers so begehrt. Mit Kindbert erkundeten wir die schönen Kiefernwälder, die Strände und erschnorchelten ganze Küstenabschnitte.

Aber nicht immer war das Ankern so unbeschwert wie in den Nächten zuvor. Da wir weitere Freunde auf dem Campingplatz von Straško besuchen wollten, ankerten wir zum ersten Mal nicht in einer Bucht, sondern lagen an der langgezogenen Küste direkt vor dem Campingplatz, ohne schützende Umgebung. Kindbert freute sich sehr, weil hier endlich mal bekannte Kindergesichter zu finden waren. Tagsüber lagerten wir im Schatten unter den Bäumen am Strand. Abends nahmen wir teil an den großen Fressorgien der mitteleuropäischen Urlaubergemeinschaft. Das war nicht immer gut. Denn an einen ruhigen Schlaf war in unserem „Hotel" nicht zu denken.

Nachdem sich die See während des Abends ganz beruhigt hatte, fing sie dabei unmerklich an, Schwell an die Küste zu spülen. Schiffe haben dann die Tendenz, sich genau quer zu diesen kleinen, aber wirkungsvollen Wellen zu stellen; sie beginnen wie wild zu schaukeln, unaufhörlich, im Takt des Schwells. Das machte das Schlafen abwechslungsreich anders und verlangte so manch einfallsreiche Stellung. Stundenlang fühlten wir uns im Inneren von ILVA wie im Pendel einer Uhr. Glück hatte, wer nicht allzu viel gegessen hatte. In der Früh ging es dann so schnell wie möglich an den Strand. Mit oder ohne Frühstück, mit oder ohne Beiboot, mit oder ohne Badeleiter. Wir wissen bis heute nicht, ob sich unsere Freundinnen damals insgeheim auf ein Ende des Geschaukels gefreut haben. Sie bestiegen jedenfalls tags darauf den Bus in Richtung Wien – so wie ausgemacht. Und wir? Wir drehten mit ILVA noch eine Runde vor dem Campingplatz mit Freunden und deren Kindern. Mit dabei waren einige unserer damaligen Nachbarn aus Niederösterreich, die uns bei der jahrelangen Renovierung zugesehen hatten und sich ebenso freuten, das Boot nun in Aktion erleben zu können. Eine Stunde später legten wir ab Richtung Zadar, während unsere Freunde uns vom Strand aus zuwinkten. Das war ein bisschen wie ein zweiter Abschied.

Tja, Reisen war nicht gleich Urlaub. Vor allem nicht auf einem Segelboot, das eine Maschine mit unzähligen Aggregaten, Diesel, Wasser, Strom und Gas auf engstem Raum beinhaltete. Dass das manchmal alles andere als einfach war, hatten wir zwar schon vorher gewusst, aber nun erlebten wir, wie es sich tatsächlich anfühlte. Zadar war ein regelrechter Arbeitsaufenthalt. Probleme machte nicht nur der Auspuff, auch die Gasfachentlüftung musste „gepimpt" werden, da schon bei geringer Schräglage immer wieder Seewasser ins Gasfach lief. Auch der automatischen Pumpe in der Bilge (der tiefste Punkt des Schiffs) mussten wir auf die Sprünge helfen. Denn die Pumpe sollte automatisch anspringen, wenn Wasser in der Bilge stand. Das tat sie aber nicht.

Papabert war wie ein Marathonike im alten Athen. Die Teile aus den in der Stadt verborgenen Geschäften erst mal zu finden und dann auch noch anzukarren war eine Herausforderung für seine Beine, vor allem bei der Hitze. Zum Glück hatte Kindbert seinen Roller mitgenommen. Die Auspuffanlage erhielt als Provisorium ein Ventil, das einen „Wasserschlag" verhinderte. Die Bilgepumpe einen neuen Bilgenschalter.

Vor dem Ablegen bunkerten wir noch einmal ordentlich Verpflegung: Dosengemüse, Obst, Nudeln, Reis, Tomatensoße und Wasser in rauen Mengen. Dann segelten wir ab Richtung Vis, der letzten kroatischen Insel, bevor wir zum ersten Mal in unserem Leben außer Meer nur noch Meer sehen sollten.

Auf Ankerplatzsuche vor Straško.
Keine Bora, aber viel Schwell!

ILVA auf See – wo ich nichts mehr seh'

Wo ist nur der Bilgenschalter? Oder sind es zwei?

Nach 20 Tagen auf ILVA war es dann so weit: Wir wollten die Adria queren. Das hört sich vielleicht einfach und unspektakulär an. War es auch. Bis auf die letzten fünf Stunden. Doch schon zu Beginn des Törns waren wir, ehrlich gesagt, etwas nervös. Wie würde es werden? Würden wir Angst bekommen? Würde die Technik mitspielen, das Wetter halten? Nun taten wir etwas, das wir noch nie zuvor getan hatten: Wir segelten in Richtung Horizont, Kurs 180°, ohne eine Landmarke anzupeilen – einfach weitersegeln, geradeaus, bis das Land aus dem Blickfeld gerät und wir nur noch uns, unseren fahrenden Untersatz, das Meer und den Himmel wahrnehmen. Zum Glück gibt es immer nur ein erstes Mal.

Tanker und Fährschiffe querten unsere Route. An Anzahl waren die gar nicht gering. Alleine das Einschätzen der Kurse dieser Riesenpötte, die Entfernungen, die Geschwindigkeiten, all das war neu. Ein paar Mal funkte Papabert einen Frachter an, um zu fragen, ob man uns auf ihrem Radar hätte. Die Kapitäne waren zu aller Überraschung überaus freundlich. Sie antworteten rasch und sagten uns ganz genau und verständlich, ob wir Kurs halten oder uns doch lieber verdünnisieren sollten. Einmal sagte ein Kapitän, er könne Kurs und Geschwindigkeit nicht ändern, er hätte irgendeinen Schaden. Alles laufe bei ihm automatisch ab, eine Art Notfallprogramm. Wir sollen uns an ihm orientieren und Abstand halten. Das taten wir überaus gern. Für den Fall, dass ein Tankerkapitän jemals dieses Buch lesen sollte: Danke! Wir haben eure Rückmeldungen echt lieb gewonnen.

Gleich nach der Abfahrt von Vis, nach nur einer halben

Stunde Motorfahrt musste Papabert noch kurz den Keilriemen wechseln (schon zum vierten Mal), der war nämlich schon wieder durchgebrannt, heiße Lichtmaschine durch zu schnelle Ladung. Ja, kein Vorteil ohne Nachteil. Vermutlich hatte das mit dem neuen Ladebooster zu tun. Das war ein Gerät aus dem 21. Jahrhundert: Mit intelligenter Elektronik soll ein höherer Strom für die Ladung aller Batterien an Bord erzeugt werden, was die Ladezeit extrem verkürzt. Das passte aber anscheinend nicht mit dem Antrieb der Lichtmaschine an unserem alten Perkins zusammen, der ja im Jahre Schnee (Österreichisch für: sehr alt) konstruiert worden war und derart hohe Ladeströme anscheinend nicht wirklich händeln konnte. Der Keilriemen riss genau zu dem Zeitpunkt, als wir kurz nach dem Kursnehmen mit ganz wenig Wind zwischen vielen kleinen Felsinseln kreuzten. Schnell setzte Mamabert die Genua. ILVA trieb mit der Strömung sehr folgsam zwischen ihnen hindurch, während Papabert sein Bestes tat, um den Riemen so schnell wie möglich wieder aufzuziehen. Gar nicht so einfach, im Geschaukel kopfüber im Motorraum zu hängen. Nach getaner Arbeit kam Wind auf. Das war angenehm und brachte Kühlung für die verschwitzten Glieder. Denn der heiße Maschinenraum war mit einer Sauna vergleichbar, die Lichtmaschine mit einem Stück glühender Kohle. Nichtsdestotrotz alles wieder einsatzfähig. Ein wohltuender Sieg des Kapitäns! Stundenlang segelten wir mit nur einer Hand am Steuer in Richtung Italien und genossen es, so derart frei zu sein. Wieso es doch so viele Segler gibt, die lieber in Küstennähe segeln? Uns waren die Weite und die unendliche Sicht um vieles lieber.

Kindbert war zum ersten Mal für längere Zeit wach und genoss es sichtlich, ILVA mal in ihrem Element zu erleben. Aber lange hielt es ihn nicht, sein Magen sagte ihm, er solle sich lieber auf die Cockpitbank legen, trotz seiner Sea-Bands. Vielleicht wirkten die doch nicht? Mamabert tat das, was sie schon immer gern getan hatte: vorlesen. „Die Abenteuer von Tom Sawyer und Huckleberry Finn". Es war Kindberts Lieblingsbuch. Die Geschichte von den zwei Freunden am Mississippi war mit der seinen sicherlich vergleichbar, wenngleich auch einen Tick spannender, dafür lebte er an einem Ort ohne Schurken, Bootsdiebe und ohne Hunger. Mit stetigem Ostwind ging es mit Vollzeug und vier Knoten dahin. Wow! Sonnenschein, eine flache See, Sturmtaucher zum Beobachten. Da war es wieder, dieses Segelgefühl. Nachdem Kindbert eingeschlafen war, verschwand Mamabert in der Kombüse, um Nudeln aufzusetzen (während des Törns kochten wir nur spartanisch oder nahmen doch die Chips aus der Dose). Zu aller Überraschung sagte das Log, dass wir jede Stunde einen halben Knoten zulegten, ohne es zu merken. Gut, das wird die Seemeilen-Statistik freuen, dachte sich Papabert. Der Wind blieb für heute unser Freund, das war klar – letzte Woche war er Mangelware gewesen. Aber wenn das so weitergeht? Wie weit nach oben ging die Knoten-Anzeige? Noch im letzten Tageslicht refften wir die Segel zum ersten Mal. Je weiter sich die Sonne vom Himmel verabschiedete, desto schneller nahm der Wind zu. Es war jetzt schon halb zehn, außer den Wellen direkt vor unserem Bug war nichts mehr zu sehen. Langsam türmte sich Wasserhügel um Wasserhügel. Bei Nacht sah das ja noch schlimmer aus. Windstärke 6 aus Nordost. Der Wind hatte zum Glück leicht gedreht, das bescherte uns einen schnellen Raumwindkurs bei wenig Schräglage. Wir refften nochmals und versteckten uns hinter der Sprayhood.

Das Groß ins Zweite, die Genua zog immer noch gut, auch wenn sie bis auf Taschentuchgröße eingerollt war. Kindbert schlief tief und fest, nachdem auch er sich mit uns über die schönen Stunden gefreut hatte. Doch als es uns allen ein bisschen unangenehm wurde, beschloss er, vom Treiben Abschied zu nehmen – ganz sicher die beste Strategie bei diesen Umständen.

Nun kam Vieste schon in Sicht. Man sah erste Lichter am Horizont. Aber immer noch 60 Kilometer bis zur Küste! Sich mit 15 Kilometern pro Stunde darauf zuzubewegen, kann die Geduld auf eine harte Probe stellen. Wir versuchten, den Hafen übers Handy zu erreichen. Es klappte. Die Dame dort erzählte, dass niemand mehr da sei. Wir sollten doch einfach den freien Platz neben der großen Motoryacht nehmen.

„*Non problema*", versicherte sie uns.

Nun gut, bei dem Tempo würden wir ja sowieso bald da sein. Und es kam noch mehr Wind, es kamen noch mehr Wellen. ILVA glitt durch die Nacht wie ein wankender Autobus. Fast acht Knoten. Wenn wir vom Cockpit aus nach hinten sahen, glaubten wir, förmlich zu fliegen.

Nachdem uns die Einfahrt in den Hafen verwirrt hatte, hätten wir fast am Badestrand angelegt. Bei vier Metern Wassertiefe machten wir kehrt, da uns das nicht geheuer vorkam. Okay, nun wussten es auch wir: Der grüne Blinker der Hafeneinfahrt war defekt. Das alles strapazierte uns ordentlich in unserer ersten Nachtnavigation bei Windstärke sechs. Und außerdem stand das Anlegemanöver noch bevor. Am liebsten würde man seine Yacht in solchen Situationen ja gern irgendwo abstellen wie ein Auto in der Garage. Die Nervosität stieg, obwohl sie ohnehin schon schlimm genug war. Keine helfenden Marineros, ein fremder Hafen, Nacht, Starkwind und nur wenig Beleuchtung im Hafengelände, puh. Neben uns erkannten wir Stege mit je einer Art Mini-Hotel, an denen das Anlegen aber verboten war. Alles leer, alles neu, verlockend, doch mit den Besitzern wollten wir uns nicht anlegen. Nun entdeckten wir auch den Platz, den uns die nette Dame per Telefon zugewiesen hatte. Eine Riesenyacht mit riesigen Fendern lag da. Daneben nichts – also unser Platz. Irgendwann kam der Moment, an dem das nervöse Kreisen um den Liegeplatz ein Ende haben musste. Irgendwann hieß es: Augen zu und durch, und das war genau jetzt. Lücke ansteuern, der Wind schob von hinten an wie ein Kraftwerk. Ein kräftiger Rückwärtsschub gegen den Wind brachte ILVA schließlich zum Stehen, versetzte ihr Heck aber in Richtung Motoryacht, was eine erste Berührung der besonderen Art bedeutete: Unsere Relingstütze auf der Backbordseite küsste den Rumpf des großen Nachbarn neben uns. Vermutlich hat das mehr Geschwindigkeit reduziert als Mamaberts Hände, die sich, wie im Anlegebriefing mit Papabert vereinbart, um dessen Reling krallen sollten.

Wie dem auch sei, ein kleiner Kratzer konnte mittels Taschenlampe entdeckt werden, war aber wie durch ein Wunder fast nicht zu sehen. Unsere Relingstütze war zwar arg verbogen. Das war aber eine Kleinigkeit – bei dem Sicherheitsgewinn? Und dem Eigner der Riesenyacht, der von der ganzen Aktion gar nichts mitbekommen hatte, war der Kratzer zum Glück egal. Als Kindbert aufwachte – es war mittlerweile zwei Uhr morgens – erzählte er uns, wie spannend und cool er die Überfahrt bei Nacht doch fand. Viel besser als am Tag! Ab nun sollte es für ihn nur noch Nachtfahrten geben.

Vis – durch die romantische Ankerbucht
brettern große Fähren
im Zehn-Minuten-Takt.

Vom Schlafzimmer zur Windfahne

Traumsegeln.

Rückblende: Nachdem wir noch im Winter 2012 einen Bausatz für eine Windfahne aus Holland gekauft hatten, wurde mangels besserer Alternativen unser Schlafzimmer in Wien in eine Schlosserei verwandelt. Das war weniger kompliziert, als es sich anhört. Neben dem Bett ließ sich bequem ein massiver Tisch aufstellen, darunter eine metallene Wanne, am Tisch wurde ein Schraubstock montiert, wir borgten ein Schweißgerät aus und besorgten eine Menge Bohrer und Feilen. Schon war die Bett-Schlosserei fertig, der Bausatz „Holland Windvane" konnte begonnen werden.

Mit hundert Stunden Bauzeit musste man rechnen, soweit der Hinweis im *Handout*. Der gute alte Narzissmus in uns sagte, das schaffen wir locker – und so stürzten wir uns in ein weiteres Abenteuer. Die anfängliche Euphorie wurde bald von den realen Problemen beim Bau einer Windfahnensteuerung verdrängt. Natürlich ging der Beruf vor. Also wurden die Arbeiten an der Windfahne immer auf die späten Abendstunden gelegt, wenn Kindbert versorgt und im Bett war. Mamaberts ehrenvolle Aufgabe war es dann, im Nachtgewand mit abgewandtem Blick die Teile korrekt und ohne ängstliche Zitterei (das war die größte Herausforderung) blind, aber voller Vertrauen zusammenzuhalten, während Papabert seiner Schweißerei frönte und dabei gleich einen ordentlichen Sonnenbrand bekam. Was sich die Nachbarn gedacht haben bei all der Blitzerei aus unserem Schlafzimmerfenster, wissen wir bis heute nicht.

Noch in Monfalcone bei der Abreise hatten wir die Anlage an ILVAs Heck geschraubt, aber erst nachdem wir Vieste erreicht

hatten, waren wir so weit, sie auch auszuprobieren. Im Hafen von Vis montierten wir neben einer Yacht aus Hawaii und einer italienischen Chartercrew liegend die Steuerscheibe ans Steuerrad – Spaß inklusive. Während wir gerade die Löcher bohrten, knallte die Charteryacht Heck voraus mit voller Wucht in die Betonpier. Vor Publikum, denn die Pier war mit Hunderten Kaffeehausgästen bevölkert. Manch einer verschluckte sich oder stieß ein Glas um. Ein paar Sekunden lang schien alles wie eingefroren, wie ein Standbild. Dann allgemeines Gelächter – wahrscheinlich wusste der Skipper nicht, dass eine Yacht keine Bremse hat.

Schließlich aber war alles so weit, um die Windfahnensteuerung zu testen. Von Vieste ging es raus, den italienischen Stiefel entlang, in Richtung Brindisi. Ein Video – gedreht mit unserer Pocketkamera – erbrachte dann den Beweis: Geschweißtes Eisen lebt. ILVA steuerte von selbst, unser vierter Steuermann war geboren. Und der arbeitete besser als der erste und hatte viele Vorteile: Er war immer wach, unermüdbar, genau beim Steuern, unbestechlich und immer nüchtern (das ist jetzt ein Scherz, auf Fahrt war Alkohol natürlich immer tabu). ILVA steuerte jedenfalls von selbst und das immer relativ zum Wind. Heureka! Archimedes war nun keine antike Figur mehr, sondern er war an Bord der ILVA aus Niederösterreich, höchstpersönlich. Er saß auf dem Achterdeck und freute sich mit vor Stolz geschwellter Brust an seinem Werk, stundenlang.

Mit einer Selbststeueranlage, das fühlten wir zum ersten Mal am eigenen Leib, wird das Segeln wie Zug fahren. Es verändert sich wahrhaftig: sitzen und genießen, vielleicht ein Buch lesen, Karten spielen, einfach mal abschalten oder still nach vorn blicken, plaudern, Spaß haben, zu dritt sein und nur beobachten, ob nicht irgendwo ein Felsen aus dem Wasser ragt oder ein unschuldiger Fischer gerammt wird. Das ist wahrlich eine große Erleichterung und mit Sicherheit die genialste Erfindung seit Einführung der Seefahrt. Aber diese Einfachheit beim Segeln bekommt gleich eine zweite Seite, einen Nachteil, wenn man so will: Man wird natürlich auch dazu verleitet, mal nach unten in den Salon zu gehen, sich hinzulegen, eine Partie „Wizard" zu spielen oder zu kochen. Man wird verleitet, mal das Cockpit zu verlassen und sich anderweitig zu beschäftigen. Ist man aber nicht allzu weit von der Küste entfernt, wird das mitunter gefährlich. Denn das Schiff lenkt ab jetzt immer relativ zum Wind, und wenn sich die Windrichtung änderte, änderte auch ILVA ihren Kurs. Das kann mitunter lustige Verwirrspiele in Gang setzen.

Segeln mit Windfahnensteuerung? Niemals mehr freiwillig ohne!

Kindbert als Ausguck.

Brindisi – die Perle im Abfall

3. August 2013. Das Problem an der italienischen Küste zwischen Vieste und Brindisi war das Fehlen von Buchten, in denen man sich verstecken und vom Schwell geschützt ankern konnte. Einige Nächte auf dem Weg Richtung Brindisi ankerten wir einfach in der Nähe der Küste bei zehn Metern Tiefe. Während die Italiener nächtens am Strand oder in ihren Gärten saßen, grillten, sangen oder Musik machten, trieb es uns an unbelebte Küstenabschnitte – und damit bewusst oder unbewusst immer wieder vor große Diskotheken, die sich meist gut getarnt in Strandnähe hinter unscheinbaren Gewächsen verbargen. Während wir beim Ankern in den späten Abendstunden noch vermuteten, ein ruhiges Plätzchen gefunden zu haben, ging ab null Uhr stets die Post ab. Viele italienische Discos sehen vom Meer aus wie ein Lagerhaus oder eine lange bewachsene Mauer. „Onki, onki, onki, onki" war dann die allseits bekannte (und alsbald verhasste) Rhythmik. Der Rest war nicht weniger unbefriedigend, da wir uns an den tanzenden Menschen selten erfreuen konnten. Zu oft waren sie hinter Mauern, Zäunen oder Strandutensilien wie Liegen oder Sonnenschirmen versteckt.

Es keimte in uns der Gedanke, dass ein Service für Fahrtensegler vielleicht nicht nur bei uns auf großes Interesse stoßen könnte, eine Art Reiseführer (oder Handy-App) mit konkreten Detailinfos über italienische Discos, deren Musikstil und Kundschaft sowie Sperrstundenzeiten. Sinnvoll wäre auch ein Verzeichnis mit Tankstellen, die – wenn schon nicht in einem Hafen – so wenigstens an einer Küstenstraße liegen, damit man mithilfe von Kanistern seinen Tank wieder befüllen kann. Hier im südlichen Italien waren die Versorgungsmöglichkeiten merklich eingeschränkt. Eine Tankstelle für Schiffe hatten wir schon lange nicht mehr gesehen. Und wenn wir eine entdeckten, war sie seit Jahren geschlossen. Kein Diesel. Kamen hier tatsächlich so wenige Yachties vorbei?

Eines Nachts, es war in der Nähe von Brindisi, wurden wir ganz plötzlich von wilden Schiffsbewegungen geweckt. ILVA zog an der Ankerkette wie ein Fisch an der Angel. Der Wind kam genau auflandig. Das brachte die Wellen gegen uns auf. Im Vorschiff glaubte man ein Hammerwerk an Bord zu haben. Muss das wirklich immer sein, wenn wir schlafen? Sicher. Alles auf Station!! Aufbruch! Anker einholen, Sachen verstauen, Maschine an und los, in den Hafen von Brindisi! Verpfeifen wir uns aus dieser Bruchbude! Die Sonne war gerade am Aufgehen.

Vor der Hafeneinfahrt in Brindisi ragte eine lange Schutzmauer weit ins Meer hinaus. Hier brachen sich die großen Wellen und bauten eine rückwärtsgewandte Gegenströmung auf, die den Schwell noch größer und unglaublich steil machte. Fast dachten wir, die See würde nun unsere gute alte ILVA mitsamt ihrer Crew verschlucken und sie für immer am Grund des italienischen Stiefels verdauen. Eine Stunde später enterten wir das Hafenbecken, in dem endlich dieser furchtbare Wellengang ein Ende hatte. Und der Anblick hatte es in sich.

„Ist hier irgendwann mal eine Atombombe explodiert?", fragte nicht nur Kindbert.

Gewaltige verrostete Schiffe, eine riesige und mies stinkende Raffinerie (klar, irgendwo musste das Zeug ja herkommen), verrostete Schlepper, heruntergekommene Irgendwann-mal-imposante-Kastellos, alles lag Seite an Seite, marode, vergessen von allen Brindisianern, Italienern, Europäern – eine Industriemeile, in der Ökologie scheinbar keine Rolle spielte und vermutlich auch nie eine gespielt hat. Dahinter am Horizont ragte ein Schiffswrack halb aus dem Wasser, das sah aus wie die Freiheitsstatue im Film „Planet der Affen", Teil eins. Je weiter wir aber in die Bucht eindrangen und Richtung City kamen, desto schneller besserte sich der Gestank nach Öl, desto besser auch die Aussicht auf einen Hafen, in dem man ein paar Tage verbringen konnte. Zu aller Überraschung hatte Brindisi eine tolle zweite (Hinter-)Seite. Die Marina lag zwar gegenüber dem Militärhafen, in dem riesige Zerstörer rosteten, noch weiter dahinter tat sich aber eine mächtige Burg auf, ein *paseo* führte Gehwillige entlang an den schönen Gebäuden mit Palmen davor. Wow, ein unerwartet schöner Ort mit allem, was unser Urlauberherz so begehrte. Das war ja eine Überraschung.

Aber zuerst galt es, einen Schiffsparkplatz zu finden. Gar nicht

so einfach! Es gab unterschiedliche Auffassungen bezüglich der Begriffsdefinition für „*anchoring*" zwischen Papabert und den Marineros. Während Papabert sein Begehr über Funk dahingehend formulierte, ob es möglich sei, im hinteren Teil des langgestreckten Hafenbeckens irgendwo vor Anker zu gehen, lotsten uns die Männer stetig in Richtung der Marina, die so eng wurde wie unsere Augen rund. Da rein? Tatsächlich, zum Ankern? „*Si, si! Go, go, go!*", schrien die Marineros.

Wir bogen eng um die sogenannte und viel gefürchtete Schreamsn (Niederösterreichisch für: Ecke) und stellten fest, dass ein Wenden definitiv nicht mehr möglich war. So fügten wir uns in unser Schicksal und steuerten ergeben in die vor uns sich doch noch auftuende Lücke zwischen den Booten an der Marinapier. Ein Passstück – enger war das tatsächlich nicht mehr möglich. ILVA schob sanft die beidseitig anliegenden Boote auseinander und saß fest.

Was dieses Verwirrspiel uns wohl kosten würde? Wir fragen den Marinero. Doch unverhofft kommt oft – trotz schöner Umgebung und benutzerfreundlicher Hafenanlage war der Preis erträglich, und wir beschlossen zu bleiben.

Brindisi. Das sind enge Gassen voller Autos und Mopetten (wie wir im Alpental sagen), das ist morbider Flair gepaart mit italienischer Rennfahrermentalität und Innovationsbereitschaft, vor allem beim Parken. Warum die Leute im Stadtzentrum mit den Autos herumfahren wie wild gewordene Italiener, konnten wir nicht herausfinden. Es gab ohnehin fast nur Einbahnen, Parkplätze waren selbst für unsere Großstadt-Habichtaugen kaum auszumachen, es sei denn zwischen Wäscheständern und Blumenkästen. Hier hatten Fahrradfahrer noch Exotenstatus. Das Radeln scheint ja eher ein nordeuropäisches Phänomen zu sein. Im Vorbeigehen verweilten wir kurz am Tancredi-Brunnen (mehr als tausend Jahre alt) und besuchten eine Kirche aus dem ersten Jahrhundert. Selbstverständlich fehlten auch eine Via Roma und ein antikes Theater nicht, welche wir auf unseren Irrwegen in Richtung Centro zufällig vor der Linse hatten. Durstig taumelten wir durch die Gassen. Das Sitzen bei einem kühlen Getränk oder einem kleinen (bis mittelgroßen) Eis hätte uns gefallen. Doch Süßigkeiten, Imbisse oder gar gekühlten Gerstensaft während der streng überwachten Siesta gab es nicht – Ausschank verboten. Die Siesta ist zum Ausruhen da, für nichts anderes. Nicht einmal für eine Flasche Wasser? Nein, nicht einmal das. Da waren die Menschen hier anscheinend dran gewöhnt. Das führte dazu, dass wir die einzigen überhitzten Dummköpfe waren, die zu dieser Tageszeit ihr Konsumentenglück nicht nur ein Mal versuchten. Zum Glück hatte der

Italienische Bescheidenheit im Militärhafen von Brindisi.

Marine-Shop mit dem klingenden Namen „Limoncelli" einen 40-Millimeter-Auspuffschlauch parat (und den sogar während der Siesta, aber nur weil das Ding nicht essbar war). Das Geschäft kann man ohne Hilfe nie finden, selbst wenn man direkt daran vorbeigehen und in die Auslage starren würde. Aber wir hatten unseren Entdeckerstolz schon in Zadar tief begraben und die Nase voll vom sinnlosen Suchen mittels falsch eingetragener Signaturen bei Google Maps. Also vertrauten wir den guten alten Sozialkontakten und fragten wir uns durch – vom Start bis zum Ziel. So nette Menschen wir hier hatten wir selten kennengelernt. Jede unserer Fragen wurde offenherzig und akribisch beantwortet, bis wir verstanden – selbstverständlich ohne Eile und ohne unsympathisch zu werden. Egal in welcher Sprache. Auch Gestik und Mimik wurden hier richtig gedeutet. Manche Wiener und Wienerinnen könnten sich da was abschauen.

Doch nicht nur freundliche Italiener ließen sich in Italien antreffen. Denn in Vieste, so sei noch Interessierten erzählt, trudelte eines Tages Lars auf seiner acht Meter langen Slup ein. Das Schiff sah ziemlich ramponiert aus. Das Teakdeck war mit heller Farbe übermalt, der Rest des Schiffs – so wie es aussah – auch. Mamabert stellte erfreut fest, dass es noch weitere Personen mit einer Abneigung gegen Abklebeband gab, die Genauigkeit beim Restaurieren verschmähten. Das war sofort eine gute Grundlage für einen nachbarschaftlichen Plausch. Lars erzählte, er mache sich nicht viel aus Technik. Beeinflusst von den Pionieren des Yachtsports, James Wharram, Joshua Slocum, Wilfried Erdmann und wie sie alle heißen, wolle er mit möglichst wenig Equipment auskommen, einfach aus purem Individualismus. Lars hatte wirklich fast nichts Technisches an Bord. Eine Pütz (Seemännisch für: Eimer) für alles, was mit Flüssigkeiten zu tun hatte, reichlich Kleidung, einen Gaskocher, eine Ankerlaterne, ein Handfunkgerät. Das war's im Großen und Ganzen. Ach ja, und ein Rennrad. Lars hatte nicht mal eine Rollanlage für die Genua. Für das Reffen des Vorsegels musste er – und das einhand bitte sehr! – stets ans Vordeck und die Genua gegen eine kleinere Fock auswechseln. Dabei spielte Geld bei ihm keine Rolle, er hatte beruflich einiges aus sich gemacht. Er war verantwortlich für die Verpackung und Verschiffung riesiger Filteranlagen für Bier. Dementsprechend gut kannte er sich mit der Materie aus. Ob ihm das Einhandsegeln nicht zu gefährlich sei, fragten wir ihn. Er sagte Ja. Aber das sei halt auch das Schicksal, welches er herausfordern wolle.

Wir luden ihn zum Essen ein und plauderten über die Alpen, das Schifahren und das Reisen. Zu aller Überraschung war er doch kein wirklicher Hardliner. Eigentlich hatte er die Nase voll vom Segeln. Ursprünglich wollte er in die Karibik. Doch sein Plan hatte sich im Laufe der letzten Wochen geändert. Deswegen machte er in Südspanien kehrt und segelte zurück in Richtung Schweiz. Er hasste die Schaukelei, die Einsamkeit, die Mühsal. Bei Nacht und Nebel weit draußen auf der offenen See zu sein, alleine? Das konnten und wollten wir uns gar nicht vorstellen. Aber Lars erzählte uns von einem Langzeittörn in den 1970er-Jahren mit seiner Frau und seiner Tochter. Irgendwie schien es, als wolle er diese Erinnerungen verdrängen, indem er sich wieder und wieder den Elementen aussetzte. Wir hoffen, dass Lars die nördlichen Gefilde des Mare Nostrum noch gesund und munter erreicht hat. Alles Gute, Lars! Und danke für die Seekarten!

Die scheintote Glückssau in der Straße von Messina

Puh, waren wir erleichtert, nachdem wir die süditalienische Küste bezwungen hatten. Wir waren durch eine Schlüsselstelle des Mittelmeers gefahren, ohne Schaden, ohne Tränen und ohne Ungeheuer. Nicht nur innerlich spürten wir den Stein, der vom Herzen in Richtung Meeresgrund fiel, auch äußerlich konnte man uns ansehen, dass wir müde waren und eine kleine Regenerationszeit nicht ungelegen kam.

Nachdem wir uns mit einem (!) Knoten Geschwindigkeit Richtung Nordosten durch den engsten Abschnitt der Straße von Messina geboxt hatten, links, rechts, und ohne Hang zu Mythen und Okkultismus nebst Tankern und querenden Fähren riesige Strudel entdeckten, waren Jubelschreie nicht mehr zurückzuhalten. Die Zeit davor war nicht immer einfach gewesen, aber doch mit etwas Glück ohne Probleme zu bestehen. Da gab es einerseits die Geschichte von den fast gerammten, unbeleuchteten Industrieanlagen bei Porto di Saline Joniche, einem aufgelassenen Industriehafen. Der Hafen lud laut Seekarte zwar zu einem Zwischenstopp ein, er war aber trotz allem nicht schiffbar. Da war andererseits das von uns fast touchierte einsam treibende Tretboot, an dem wir in stockdunkler Nacht nur zwei Meter entfernt vorbeirauschten. Da waren die unbeleuchteten Fischereizuchtanlagen ein Stück weiter östlich, die wir nur um Haaresbreite und mit viel Glück verfehlten. Es scheint sich also auszuzahlen, wieder zur Chronologie der Ereignisbeschreibung zurückzukehren, damit man auch versteht, warum wir so viel Glück im Pech hatten.

Ein Boot ist ein Boot ist ein Boot …

Die Nächte vor Anker waren, wie mittlerweile gewohnt, voll

von Disco-Gedröhne bis in die frühen Morgenstunden. Tja, die Hochsaison in Italien wollte gefeiert werden. Die Krönung der pompösen Nacht war meist ein Feuerwerk in Richtung Gstettn (Niederösterreichisch für: steiler Hügel) oder Richtung Wasser, wo auch wir vor uns hin dümpelten. Es ist ja klug und zeugt von Weitsicht, keinen Waldbrand entfachen zu wollen. Wir haben uns das eine oder andere Mal jedoch Gedanken darüber gemacht, ob auch alle Feuerlöscher an Bord ordnungsgemäß ihren Dienst versehen können, nur so, im Falle einer explodierenden Rakete am Großbaum. Davon abgesehen tröstete uns die Küste in Kalabrien mit abwechslungsreichen Gebirgsformationen und an die Hänge geklebten Siedlungen, unser Billigfernglas wurde so oft benutzt wie nie zuvor.

Der ersehnte Landgang in Roccella Ionica war heißer als erwartet und überraschend abwechslungsreich. Eigentlich wollten wir zur imposanten Burgruine, etwas Fürsorge für unsere ungenutzten Seglerbeine heucheln, bevor wir unsere Galle mit einem Eisbecher zum Duell aufforderten. Gefunden haben wir, traumhafte Feigen und süße Trauben stibitzend, nicht nur einen entspannten Auslauf, sondern auch einen scharfen Hund, größer und kolossaler als alle vorherig Gesehenen. Der Köter hing nur an einer verdammt dünnen Kette und bellte wie wild. Gern hätten wir dem Meister unsere Ankerkette angeboten, wenn wir sie nicht selbst gebraucht hätten. Und nachdem uns ein verschlossenes Tor bei der Ruine ganz oben auf dem Berg (stöhn!) etwas demotiviert hatte, trösteten uns vorbeiwehende Klänge einer Blasmusikkapelle und brachten Spaß bei der Verfolgung selbiger. Während uns im Touristengewand mit nur leichtem Handgepäck schon der Schweiß in Strömen runterrann, stiegen 30 stramme Kalabrier in uniformeller Blasmusik-Vollmontur, Krawatte und schwerem Gerät samt vier Tubas munter gegeneinander trötend den Berg hinauf. Unsere Ohren ringelten sich mitunter, aber bei diesem flotten Marsch war das allemal verzeihbar. Eine gescheiterte Burgbesichtigung von erheiternder Marschmusik begleitet, das taugt uns und bringt das Herzerl in Schwung. Erfreut sprang Kindbert mit nacktem Oberkörper vornweg. Ist so ein Leben schön oder schöner?

Nach ein paar erfrischenden Badetagen vor Anker ging es an der Küste entlang weiter in Richtung Westen. Sizilien tauchte bald am Horizont auf – für uns ein großer Erfolg im Seefahren. So weit hatten wir es schon geschafft. Der Ätna hatte sich zeitgerecht zur Abenddämmerung aus den Wolken geschält, damit Kindbert auch wusste, „wofür wir das alles auf uns nehmen" (O-Ton). Ja, so über den Wolken war der Vulkan sehr beeindruckend, hoch und mächtig, trotz der Distanz, aus der wir ihn bestaunten. Wir bogen erneut rechts ab ums Kap und hielten direkt auf die Küste zu, zum langersehnten Hafen, wo wir endlich nach Brindisi wieder Diesel tanken können sollten. Mit Sicherheit war das eine gute Startposition für die Durchquerung der Straße von Messina. Ursprünglich hatten wir ja bei Tag hier ankommen wollen. Viele Segler hatten uns geraten, uns gut vorzubereiten. Schwierige Wetterbedingungen, Strömungen mit bis zu fünf (!) Knoten, ein hoher Schwell. All das würde sich hier aufstauen und oft ohne Vorwarnung abgehen.

Aber wie es nicht nur einmal passierte, hatte uns die Morgenfaulheit wieder mal ein Schnippchen geschlagen und viel zu spät abfahren lassen. Nun war es mittlerweile stockdunkel, der Mond war zum Neumond geworden, und wir waren immer noch nicht wirklich routiniert in Sachen „Navigation mit geschlossenen Augen". Einen Tag zuvor hatten wir im Hafen angerufen und nach Diesel gefragt. Ein freundliches „*Si, si,* Diesel" verstanden wir schon. Der Rest der Information war sicher von höchster Relevanz für segelnde Jungfamilien, die keinen Unfall bauen wollten. Aber für unser Italienisch war das schlicht zu viel. Ohne Skepsis ließen wir unserem Optimismus freien Lauf und gedachten, einfach dort anzulegen. Was soll schon sein?

Mittlerweile war es schon nach Mitternacht, als wir per Handy-Peilung den aufgelassenen Hafen erreichten. Auf der Höhe der angegebenen Koordinaten war nichts zu sehen. Kein rotes oder grünes Licht, keine Betonnung, kein Blitzfeuer, kein Garnichts, nur eine unbeleuchtete Mauer und ein unbestimmbares schwarzes Loch ins Nirgendwo. Da sollte doch ein Hafen sein? Wer schon jemals versucht hat, in einer Nacht ohne Mondschein den Himmel von einer Hafenmole zu unterscheiden, weiß, wovon ich gerade spreche. Schwierig, schwierig diese Sache. Nachdem wir aber nachts auf keinen Fall durch die Meerenge gehen wollten, mussten wir hier einen Ankerplatz finden. Schon wieder ankern, schon wieder Schwell! Ein steifer Nordwind schälte sich auch noch über die Berge und blies uns aufs Näschen. Aber alle Meckereien fanden ein jähes Ende, als neben uns plötzlich hohe, rostige Stahlkonstruktionen aus dem Dunkel auftauchten, immer mehr werdend. Gerade da, wo doch bei verlockenden fünf Metern Wassertiefe unser fester Boden für die Nacht sein sollte. Nur noch wenige Meter trennten uns von riesigen Pfeilern aus Beton und Stahl. Das sah abscheulich aus. Rasch da weg!

Etwas weiter westlich weiteten sich unsere Nachteulenaugen nochmals, als gerade noch rechtzeitig für eine ambitionierte Wende ein paar Meter rechts ab runde Fischzuchtanlagen sichtbar wurden. Unbeleuchtet lagen die da, ohne Boje, ohne Blinklicht, ohne alles. Am liebsten wollten wir irgendjemandem die Ohren langziehen. Nur wem? Die Nervosität ließ das Adrenalin in unsere Venen schießen. Wir standen wie unter Drogeneinfluss. Mamabert wurde als nachtblinder Ausguck mit Lifebelt und Taschenlampe in den Bugkorb beordert.

„Gemma, gemma", schrie sie nach hinten ins Cockpit, „nach Backbord ausweichen, und dann nördlicher, vielleicht geht's ja dort!"

„Aber nein", schrie Papabert, „da ist nichts an der Küste, nur eine Sperrzone!"

„Sch… ."

Nachdem wir Lars kennengelernt hatten, war das Handy unser Kartenplotter – ein Tipp von ihm. Das ging unglaublich gut und auf den Meter genau. Blöd nur, dass hier nichts eingezeichnet war. Rasch noch ein Check mit dem Handy, steuern, schauen, alles gleichzeitig, aber kein Platz zum Ankern in Sicht. Also dann widerwillig noch weiter westlich und gleich anschließend rauf nach Norden, in die Straße von Messina – bei Nacht. Umkehren und da nochmals vorbei? Niemals.

„Vielleicht schaffen wir es bis Reggio", schrie Papabert in den Wind.

Der Wind hatte schon längere Zeit aufgefrischt, und wie aus dem Nichts traf uns die erste hohe Welle – der Bug fuhr in die Höhe wie ein Aufzug. Mamabert schrie. Einen Augenblick lang der Bodenhaftung beraubt, krallte sie sich fest und kroch langsam auf allen vieren ins Cockpit zurück. ILVA bockte auf und ab wie ein spanischer Stier beim Rodeo. Es war absolut nichts zu sehen, nur noch zu spüren, dass alles auf und nieder ging.

„Wo ist Kindbert?"

Der schlief. Dem Gott im Himmel sei Dank, auch wenn es nur einer von uns war, dem nicht das Herz stehenblieb.

„Noch zwei Stunden so weiter? Nur, wenn der Wind nicht noch stärker wird. Wie viel Diesel ist noch im Tank? Egal. Umdrehen! Egal wie, aber schnell. Das können wir nicht durchstehen! Nicht, ohne irgendetwas zu sehen!"

Zwei Gehirne, die gleichen Gedanken. Gesagt, getan. Wie? Keine Ahnung – eine Welle quer rauf, oben hart mit dem Wind gedreht, den Wellen folgend und im moderaten Surf trotz zitternder Knie wieder retour. So weit wie möglich entfernt von diesem verhexten Ort mit den hässlichen Industrieanlagen. Fast neun Knoten machten wir mit Wind und Welle zurück Richtung Osten, das war uns vorher und ist uns nachher unter Motor nie wieder gelungen. Der gute Zug am Ruder machte die miese Laune leichter erträglich – auch das Umdrehen kann was Gutes haben? Nicht wahr?

Über Umwege nach Reggio

Bald schon nach dem Verlassen der engen Meereszone, nachdem wir wieder zurück ums Kap motort waren, endeten die schlimmen Bedingungen. Wir glaubten es kaum, aber bereits 30 Minuten später konnte sich keiner mehr vorstellen, dass um die Ecke das nächtliche Grauen lauerte. Skylla und Charybdis, die Schiffe fressenden Ungeheuer aus der griechischen Mythologie? Stimmt die Sage von Messina vielleicht doch? In solchen Situationen kann man sich mit dem Gedanken schon anfreunden. Und wenn es nur darum geht, mit dem Unerklärlichen, der Angst und dem Grauen fertigzuwerden. Es war drei Uhr morgens, und wir waren todmüde. Wir hatten Schiss vor dieser Stelle, das geben wir hiermit offiziell zu. Doch wir wollten und mussten doch irgendwann da durch. Aber bei Tageslicht.

Der nächstmögliche Ankerplatz lag zwei Stunden weiter östlich. Gerade als wir die Fahrstunden berechneten, den nächsten Tag planten und sich unsere weichen Knie wieder langsam versteiften, trieb neben uns ein unbemanntes und unbeleuchtetes Tretboot in zwei Metern Entfernung vorbei. Und wir in voller Fahrt! Immer noch mit acht Knoten, immer noch mit gehöriger Portion Rückenwind! Nochmals schlotterten unsere Knie, diesmal aber überwog die Freude über unser Wahnsinnsglück. Keiner wollte sich den Knall und den Schrecken vorstellen, wenn wir unversehens in diesen Plastiktreter gekracht wären. Das konnte nur das Verdienst unserer imaginären und bootseigenen Glückssau sein, die uns vor Schlimmerem bewahrte. Danke, du liebes Tier. Wir werden dir huldigen.

Wo wir schlussendlich genau ankerten, war uns in dieser

Nacht einfach nur egal. Nur weit weg von diesen Wellen, hin zur Küste, bis wir bei weniger als zehn Metern Tiefe ankommen. Platz genug? Ja! Seicht genug? Ja. Na dann, passt ja.

Und am nächsten Morgen? Nachdem wir von den ersten Sonnenstrahlen geweckt worden waren und mit nachtblinden Augen aus dem Cockpit aufschauten, sahen wir zu unserer Verblüffung viele kleine Fischerboote rund um uns. Ziemlich nahe. Jedes hing an einer eigenen Muringboje. Wir wissen bis heute nicht, ob die auch schon in der Nacht dort lagen oder ob sie erst nach uns festmachten. Wir glauben Ersteres.

Das sollte uns aber nicht lange beschäftigen, denn: Der Tag fing an. Mit Frühstück und Baden mit Kindbert. Juchee! Es ist wichtig, die Sorgen auch mal vergessen zu können, schwierige Tage extragut zu beginnen und sich wie bei einem Marathon langsam warmzulaufen.

Bald schon machte uns die Menge des verbrauchten Diesels nervös. Wie viel war da jetzt noch drin nach unserer Rallyefahrt? Nirgends war mit einer Tankstelle zu rechnen. Und bis nach Reggio, die Stadt direkt in der Straße von Messina, war es noch weit. An ein Durchsegeln der Straße dachten wir ohnehin nicht mehr. Wenn der Wind in dieser Stärke daherkäme wie die See, na denn prost. Wir schraubten den Dieseltank auf, kontrollierten, ob sich vielleicht Dreck gesammelt hatte, und vermaßen den Stand des Diesels mit dem Maßband. Kindbert berechnete das Volumen (das war mindestens eine halbe Mathe-Stunde inklusive Praxistest). War es notwendig, zu Fuß zu einer Autotankstelle zu gehen und Diesel zum Boot zu schleppen? Nein, noch 60 Liter mindestens. Das ergab die Kindbert'sche Berechnung. Und auf Kindbert war immer Verlass. Für eine Strecke von 20 Seemeilen also noch 60 Liter Diesel. Das musste reichen. Na dann, ran an die Riemen! Wir wollten da durch, das ist fix! Skylla und Charybdis – tschüs mit ü! Wir waren hier, um da durchzufahren!

Dieses Mal kamen wir mit Sonnenschein und ganz viel Schwein unter Motor bis nach Reggio. Wieder hatten wir fünf Windstärken und steile Wellen, aber nicht so hoch wie beim ersten Mal und weniger von der Seite. ILVA hielt sich wacker – genauso wie ihre Besatzung. Bei Tag sahen wir, was da auf uns zukam, und fanden es gar nicht mehr so wild. Wir beobachteten Yachten, Kitesurfer, Windsurfer, Badende, Fährschiffe, riesige Frachter und kleine Fischerboote mit freundlichen fischenden Opas. Wir waren beinahe glücklicher als unsere Glückssau. Und nach ein paar Stunden kam Reggio langsam in Sicht.

Welcome to Saverio City

Die Marina in Reggio besaß den Charme eines riesigen Betonbassins der späten 1970er-Jahre. Der Marinero sah ruhigen Gewissens zu, wie unser Bug fast in die Kaimauer gekracht wäre. Der Seitenwind war gewaltig. Mamabert hechtete mit der Grazie einer Seekuh, aber mit Lichtgeschwindigkeit vorn über den Bugkorb, um ILVA doch noch irgendwie abzudrücken. Es windete noch mehr als am Vortag, ILVA war kaum von der Kaimauer fernzuhalten. Der unmotivierte Hafenboy wurde mit bösen Mamabert-Blicken bestraft. Trotz unserer Zweifel war es laut Marinero nicht nötig, eine zweite Leine zur Sicherheit auszulegen. Eine Spring (Leine, um ein Schiff in Längsrichtung zu sichern) war nicht erlaubt. Warum nur, die Marina stand halb leer?

Doch schnell vergaßen wir die Sorgen und konzentrierten uns auf das, was wichtig war: raus aus der Wäsche, duschen, kochen, essen, kuscheln, Bordkino, gemeinsam lachen. Wir hatten es zur Hälfte durch die Straße von Messina geschafft. Die Crew war noch vollzählig, und Schäden hatten wir auch keine. Dem Grund des Meeres waren wir auch ferngeblieben, und Charydbis hatte uns nicht verschluckt. Unsere Freude ließ sich sehen! Haltungsnoten wollten wir aber diesmal keine vergeben, so professionell war unsere Performance nun wirklich nicht. Nur: Aus der Luft gegriffen waren unsere Ängste vor Messina nicht gewesen. Denn als wir eine Woche später schon wieder aus der Straße raus waren, ging eine Zwölf-Meter-Segelyacht mitten in der Meeresstraße unter. Noch einige Tage später wurde das im Navtex immer wieder durchgegeben:. *„White sailing yacht sunk in the Street of Messina!"* Skylla und Charydbis, hattet ihr ein bisschen Hunger?

Stromboli mit Sahnehäubchen (folgende Doppelseite).

In Reggio angekommen fühlten wir sogleich den Puls der City. Bei den Berts, den verwöhnten Großstadtmenschen, wurden Wünsche wach. Kindbert wollte WLAN für seine Abenteuer in der Handy-Welt und eine neue Angelrute, denn die alte war irgendwann irgendwo über Bord gegangen. Niemand hat sie je wieder gesehen. Auch wir verspürten einen Sog – nein, nicht die blöde Charybdis, die Stadt war unser Ding der Begierde. Das Ende von Papaberts einziger sozialverträglicher kurzer Hose näherte sich mit riesigen Schritten (wegen der Löcher). Außerdem wurde noch eine Nachfolgerin für die Sieben-Euro-Sonnenbrille gegen das vorzeitige Erblinden von Mamabert gesucht. Waren wir trotz unserer Liebe zu Meer und Natur vielleicht doch unverbesserliche Städter geblieben?

Der Hafen von Reggio liegt gleich in nächster Nähe des Bahnhofs. Züge rollten rein und rollten raus. Da stellten wir uns ganz bewusst die Frage: Wer will nach Hause? Gerade noch war es so anstrengend gewesen. Wir hatten nur um Haaresbreite einen Unfall verhindern können, waren überfordert mit den Herausforderungen des Fahrtensegelns gewesen. Was hätte alles passieren können? Viel Schreckliches, das war klar. Hier gab es eine gute Möglichkeit, dem Ganzen ein Ende zu setzen – einfach in den Zug und ab nach Hause. Wer wollte das? Wer wollte diese schöne und spannende Reise abbrechen? Niemand. Es waren ja nur noch 30 Seemeilen bis zum Stromboli, dem aktiven Vulkan. Er war ganz nah vor uns. Und immer schon stand er auf der Liste unserer Traumziele. Kindbert träumte schon lange davon, die Lava durch die Luft spritzen zu sehen. Schnell war klar, dass wir weitermachen wollten. Schließlich waren all diese Erlebnisse auch der Grund für dieses Buch. Was hätte man schon zu erzählen, wenn man nichts erleben würde? Also ließen wir die Idee mit dem Abreisen fallen und konzentrierten uns auf Reggio. Wir wollten doch die City stürmen.

Doch das wäre zu schön gewesen, um wahr zu sein.

„Hello! Salve! Hello, Austria", schallte es über den 40 °C heißen Beton im Hafen.

Bei uns im Boot regte sich nichts, wir waren noch beim Essen, hatten gerade keine Lust auf Gespräche. Aber das schien ein örtlich ungültiges Signal zu sein.

Die Rufe wurden lauter: „*Salve!*", „*Austria!*"

Schicksalsergeben kroch Mamabert im Bikini unter dem Sonnensegel hervor zum Bug und sah sich einem älterem Herrn gegenüber, der sie gnädig begutachtete und ihr eine Karte hinhielt: Saverio, so sein Name. Sein Geschäft im Hafen: einfach alles. Vom Reggio-Guide über privaten Käse- und Weinverkauf, Taxifahrten, Bootsservice und Ersatzteilhandel bis zum Wäscheservice.

Best service – best price. Er überreichte ihr mit dem Charme eines Filmstars seine Visitenkarte inklusive ausschweifender Darstellung seiner Kompetenz.

Etwas überfordert gab sich Mamabert unentschlossen und verkroch sich wieder in ihre Höhle. Sache erledigt? Weit gefehlt. Als wir kurz darauf Richtung Bahnhaltestelle flanierten und an der Rezeption der Marina vorbeikamen (einem Metallcontainer mit zwei Plastikstühlen), wieselte Saverio behände auf uns zu und bot uns erneut seine Dienste an. Mamabert kannte ihn ja schon. Daher war diesmal Papabert dran. Eh klar – von Mann zu Mann. Unentschlossene sind ja bekanntlich die besten Opfer.

Und so saßen wir drei Minuten später, nachdem wir uns schließlich aus unserer ILVA geschält hatten, in Saverios Taxi und freuten uns darüber, dass die zehn Euro für eine Taxifahrt eine gute Investition waren. Wir hatten alle einen Mordshunger und freuten uns auf ein bisschen *„mangare italiano"*.

„Una pizzaria nel centro, prego", sagten wir in gebrochenem Italienisch.

Saverio wollte unsere Wünsche aber nicht so einfach anerkennen, wie wir sie ihm näherbrachten. Lächelnd blieb er bei Tropenhitze voll entspannt. Noch im Hafengelände hielt er gleich einmal an, um uns eine immense Anzahl von Textkopien zu überreichen. In einem amerikanischen Reiseguide der 1980er-Jahre wurde er für seine Originalität gelobt und gehörte zum Lokalkolorit. Na bravo! Dies wurde auch laut von ihm vorgelesen, Punkt für Punkt. Wir standen mitten auf der Straße bei gefühlten tausend Grad. Immer locker bleiben … Neben dem Text war ein Foto, auf dem Saverio vor 30 Jahren mit einer hübschen Italienerin im Arm abgebildet war. Witzig. Aber nein, kaufen wollten wir nichts, jedoch: Könnten wir nun in die City fahren? Sicherlich. Saverio drückte das Gaspedal durch und ließ den Mercedes um die Kurve schlittern. Währenddessen bekamen wir auf Italienisch erklärt, was an uns vorbeirauschte. Nein, wir brauchten keine Früchte.

Vielleicht war es ja unsere hartnäckige Beständigkeit, die für Saverio den Reiz der Geschäftejägerei ausmachte. Oder möglicherweise unsere vermutete finanzielle Potenz. Kurz darauf hielten wir vor dem Iper Simply Einkaufsmarkt an der Ausfahrtsstraße, irgendwo Richtung Norden. Das war aber nicht die City. Doch es ging gar nicht um unsere bescheidenen Touri-Bedürfnisse. Saverio verließ das Taxi wie ein Wiesel und verschwand im Supermarkt. Aha – ein vollbesetztes Taxi ohne Fahrer in zweiter Spur geparkt. Wir blieben verdutzt zurück, und Mamabert bekam den ersten Lachkrampf. Was sollte das werden? Ohne noch überlegen zu können, ob wir nicht weinen wollten, kam Saverio schon wieder herangerannt – mit einer Palette Bier und einer Sechserpackung Tiefkühleis-Kornettos

(Schoko-Vanille, nicht Erdbeer, tja leider, Kindbert) für *„bambino"* und uns. Jetzt wird es wohl ins Zentrum gehen, dachten wir. Die von Saverio großzügig überreichten Eise schmolzen in Lichtgeschwindigkeit dahin.

Die Straße sah gut aus, die Richtung auch, aber gleich nach dem Kraftwerk nahm Saverio die Straße rechts raus in eine Siedlung. Ein paar Kilometer ging's leicht bergab zwischen halb verfallenen Häusern dahin. Konnten wir das alles zu Fuß zurückgehen, wenn wir uns von dem lustigen Taxler, der fuhr, wohin er wollte, nun verabschieden würden? Niemand sagte etwas, weil alle damit beschäftigt waren, Tropfen heiß gewordenen Vanilleeises von den Fingern zu lecken. Saverio fuhr, telefonierte mit dem Handy, winkte aus dem Fenster und hielt vor einem Einfamilienhaus. Weitere Männer gesellten sich zu uns. Sie räumten den Kofferraum des alten Mercedes leer und wieder voll mit anderen Dingen. Aha, Saverio war ein Geschäftsmann, Lieferant und/oder Postler. Jedes Potenzial seines „Geräts" wurde von ihm genutzt, ob Fahrgastraum oder Kofferraum. Unser Erstaunen kannte bald keine Grenzen mehr – unsere Geduld aber schon. Na, jetzt würde es wohl etwas werden mit unserer Fahrt in die City. Schon redeten wir über diverse Pizzabeläge, von Prosciutto über eingelegte Sardinen und Artischocken. Saverio fuhr aber wieder zurück in die Richtung, aus der wir gekommen waren.

Wir versuchten es mit Italienisch: „Saverio! *Mi dai un passaggio?"* Das stand im Wörterbuch unter der Rubrik „Taxifahrten". *„Please, we want to go into the city per favor, Pizza, mangare",* versuchten wir auch.

Saverio schien uns glücklich zu ignorieren. Was tun? Noch ein Kornetto essen. Unerbittlich ging es weiter, immer weiter weg von unseren kulinarischen Träumen. Wir brausten an seinem Haus vorbei und hielten wenige Kurven weiter vor einer kleinen Lagerhalle aus Wellblech. Saverio wieselte raus, öffnete die hintere Tür des Mercedes, ersuchte uns auszusteigen. Er verschwand in der Hütte. Wir verließen jetzt schon leicht verzweifelt, aber immer noch wohlerzogen das Auto. Ein Tor wurde zurückgeschoben. Wir befanden uns plötzlich und ohne dass wir das je gewollt hätten in einer Werkstatt. Boote, Motoren, was immer man aufhängen konnte, hing von der Decke. Maschinen und Gerätschaften, Fahrräder, Kühlschränke, Neonleuchten, Werkzeug, Seekarten, Gartengeräte und ein Playboy-Kalender. Wir fühlten uns ein wenig entführt, aber noch ohne Stockholmsyndrom. Denn das bezeichnet ja bekanntlich die Identifikation mit dem Aggressor. Diese fehlte hier aber entschieden. Viel eher kam in uns der Gedanke an einen Gewaltausbruch auf, der vorerst aber noch zurückgehalten werden konnte.

Saverio war ob unserer Blicke unbeeindruckt. Wahrscheinlich reagierten alle seine Gäste bei seinen Überraschungsfahrten anfänglich so, und er war gewohnt, auf taube Ohren, Irritation und Verzweiflung zu stoßen. Er öffnete das zweite Tor an der gegenüberliegenden Seite der Werkstatt, und mit einem Schlag wurde ein Strand mit Katzen und umgefallenen Bäumen sichtbar. Daneben fristete ein bellender Hund in einem selbst gebauten Zwinger sein Dasein. Gegenüber, zirka zwei Kilometer entfernt, auf der anderen Seite der Meerenge lag Messina. Wie soll man sagen: trotz aller Unannehmlichkeit ein fantastischer Ort. Echt überraschend und zugegeben wundervoll, diese Aussicht. Nur wie kamen wir nun in die City?

Saverio jedoch hieß uns sofort mit unerbittlicher Liebenswürdigkeit in seinem Domizil willkommen. Er tätschelte unsere Hände als auch Mamaberts Po, brachte Stühle, öffnete eine Flasche Wein, füllte unsere Gläser und begab sich zu einem der vielen Kühlschränke, wo er einen Laib Käse mit einem Messer bearbeitete und uns Kostproben überreichte. Er sei früher Marinero gewesen, dann Cucinero, dann Skipper. Jetzt mache er alles auf einmal. Aha, wir waren auf einer Promotion-Tour. Gleich wurden traumatische Kindheitserinnerungen an lange und mühselige Werbe-Busfahrten mit unseren Großeltern wach. Kindbert ergab sich als Erster und ging schon mal zum Meer.

Der Ausblick von der hinteren Seite der Hütte war genial. Keine Häuser, kein Hotel, keine Straße, keine Urlauber, nur Natur und Wildnis, eine tolle Kulisse. Die Straße von Messina – man konnte fast glauben, an einem riesigen Fluss zu stehen. Das Meer sah aus wie ein Ententeich, kein Schwell, das Licht warm und golden. Papaberts Augen funkelten wie die Lichter der vielen Schiffe, die sich zwischen den Orten hin und her bewegten, wie Trägerameisen. Messina – eine magische Stadt, und wir wünschten uns sofort dorthin oder wenigstens nach Reggio. Mit oder ohne Saverio, mit oder ohne Pizza. Aber es half alles nichts. Die Weingläser wurden unerbittlich nachgefüllt, und Mamabert wurde schier aufgefressen vor Zuneigung (die auch inbrünstig gezeigt wurde, sobald Papabert sich nur kurz umdrehte). Die Nachbarn kannten wir weitere zehn Minuten später mit Vor- und Nachnamen. Sie waren sehr nett. Es wurde uns ein Gratis-Liegeplatz angeboten. Eine Stunde später hatten wir sechs Flaschen Wein gekauft und einen ganzen Laib Käse (einen halben gibt's bei Saverio nicht). Endlich waren wir kaufwillig genug gewesen, um nach Reggio gefahren zu werden. Noch Obst – weil da wär' die Gelegenheit? Nein. Jetzt blieben wir hart und beharrten auf unserem Plan. Jetzt gab es keine Alternative mehr. Nach geleerter Weinflasche stiegen wir in den Mercedes. Saverio fuhr uns (kaum zu glauben bei der Anlaufphase) ohne weiteren Umschweif zur Pizzeria seines Vertrauens, mitten ins Zentrum von Reggio. Wir freuten uns, alles überstanden zu haben. Ein zweites Mal fühlten wir uns wie Überlebende einer Naturgewalt.

Das wiederum spielte für kurze Zeit keine Rolle. Es galt nämlich nun, unsere Mägen zu füllen, der Seefahrermethode gemäß: anstrengende Tage gemütlich und ohne Stress ausklingen zu lassen. Müde und abgeschlagen spazierten wir im Anschluss durch die Gassen von Reggio. Unsere Wünsche waren uns vergangen. Keiner von uns wollte noch etwas von der Welt. Zu voll der Bauch und in Gedanken. Zu Fuß ging es zurück zur ILVA in den Hafen. Wäre gar nicht so weit gewesen.

Am nächsten Morgen half Saverio erneut. Die Tankstelle der Marina war geschlossen. Obwohl sie gar nicht so aussah. Einmal legte sogar eine Yacht direkt davor am Steg an. Wir sahen zu, wie Skipper und Crew laut fluchend wieder ablegten und sich beim Hinausmanövrieren aus der engen Lücke noch eine Schramme an der Außenhaut holten. Für uns war fehlender Diesel ein Desaster, weil wir keine Reserven hatten. So kamen wir nicht von hier weg. Die Straße von Messina hatten wir erst zur Hälfte hinter uns. Bei fünf Knoten Gegenströmung mochte man nicht an fehlenden Treibstoff denken. Erneut war Saverio unser Mann. Wir fragten ihn, ob er uns aushelfen könne. Er bejahte und fuhr mit uns rasch zu seiner Hütte, um Kanister zu holen. Ganz zufällig hatte er genau vier Kanister zu je 25 Liter rumliegen. Ob da schon einige vor uns nach Wein und Käse auch Diesel benötigt hatten?

„Taxi, ripartire?"

„Si, si", selbstverständlich gern, und schon ging's ab zum Dieselkauf hinter die ersten Hügel von Reggio, hinauf zur Autotankstelle und wieder zurück zum Hafen.

100 Liter Diesel per Hand durch einen kleinen Trichter zu füllen war eine gänzlich neue Erfahrung. Da merkt man, wie viel Flüssigkeit das ist. Danach bunkerten wir noch Lebensmittel und Früchte in Saverios Obstgeschäft. Saverio verlangte nur Geld für die Fahrt. Der Rest war ihm mittlerweile „eine Ehre".

Kurz vor dem Ablegen meldete uns ein dumpfes Geräusch, dass etwas aufs Vordeck gefallen war. Ohne uns zunächst weiter darum zu kümmern, bereiteten wir den kommenden Tag vor – zwischen Frühstück, Festmacherleinen und täglicher Morgenhygiene, mit Seekarte und Handy-App. Der Zeitpunkt für die Durchquerung der Meerenge stimmte. Der Niedrigwasser-Umschlagpunkt war zwar schon ein bisschen überschritten, dennoch sollten wir nur zwei Knoten Gegenströmung haben. Wieder machte sich Nervosität breit. Wie stark würde es strömen? Würde der Keilriemen halten? Während wir noch die letzten Leinen klarierten und die Maschine schon warmgelaufen war, bemerkten wir erst, dass das dumpfe Geräusch von den Croissants gekommen war, die in einem Papiersackerl auf dem Vordeck lagen. Saverio, du guter alter Freund! Er wollte auch uns den Abschied schwermachen, schwerer als dieser ohnehin schon war. Wir riefen *„Molte grazie!"* hinter Saverio her, der winkend bereits über die Pier auf der anderen Seite radelte. Dann legten wir ab. Reggio war für uns gegessen.

Die Liparischen Inseln – Paradiese ganz nah

Mitte August erreichten wir die Liparischen Inseln. Ein fantastisches Segelrevier erstreckte sich vor uns. Traumhaftes Meer, sauber wie selten zuvor, Inseln voller Schönheit, voller satter Vegetation, Palmen, Kakteen in bizarren Formen, aktive und untergegangene Vulkane – all das vereinte sich hier zu einem Archipel, dessen Exotik verzauberte.

Im Tyrrhenischen Meer gelegen, nur 40 Seemeilen nördlich von Sizilien ragen zwölf wenig bis nicht bewohnte Inseln aus dem Wasser, mindestens so mystisch wie altbekannte Tropenparadiese, mindestens ebenso schön. Seit über 200 Jahren sind diese Inseln der Ausgangspunkt vieler geologischer Forschungen, vor allem der Vulkanologie. Drei der sieben Inseln haben wir besucht. Wir haben die Menschen auf der Partymeile in Panarea wegen ihrer Unbesorgtheit beneidet, einen Vulkan bestiegen und mit Harpunenfischern am Stromboli gesprochen. Für uns war hier der erste Ort, an dem wir die Fremdartigkeit von Land und Leuten spürten. Hier nahmen wir leibhaftig die Entfernung von zu Hause wahr. Fast tausend Seemeilen lagen hinter uns – und das ohne größere Probleme oder technische Schäden, von einigen verbrannten Keilriemen abgesehen. Wir hatten es dorthin geschafft, wo man eben nur mit dem Schiff hinkommen kann. Stolz erfüllte uns, aber auch die Angst vor einem Unwetter. Denn es war Hochsommer mit hohen Temperaturen und hoher Luftfeuchtigkeit – das ergab mitunter eine knallfreudige Mischung. Immer wieder zogen gefährlich aussehende Gewitterwolken an uns vorbei und gingen woanders ab, zum Glück. Aber dieses Glück währte nicht lange.

Panarea und die Ruhe vor dem Sturm.

Nach der Fahrt durch die Straße von Messina mit vier Knoten Gegenströmung (die ist übrigens zwischen Vulcano und Cefalu auch noch deutlich zu spüren) und den endgültig im Fahrwasser verbliebenen Strudeln und Stromschnellen glitten wir mit Motorkraft in Richtung Stromboli. Langsam tauchte er auf aus der diesigen Umbläuung. Kein Wind, keine Wellen, nichts, was darauf schließen ließ, wir seien in der wilden Tyrrhenischen See.

Je näher wir dem Stroboli kamen, desto mächtiger baute er sich auf, kreisrund wie ein Kegel, aktiv, wunderbar symmetrisch und gefährlich schön. Alle paar Minuten stieß er ein Rauchhäubchen aus. Kindbert war begeistert. Ein echter Vulkan! Langsam wurden Einschnitte, Felsen, erste Grasflächen, Büsche, Häuser, Boote und Fährschiffe sichtbar. Letztere in Häufigkeit stark steigend. Es gab nur zwei Orte am Stromboli. Ginosta an der Südspitze und San Bartolo im Norden. Keinen Hafen, nicht einmal eine Mole. Das Ankern war nur an der Nordseite möglich. Rund um den Vulkan fiel das Land steil nach unten. 50 Meter Tiefe, nur 100 Meter neben der Küste!

Touristen-Tragflächenboote schwirrten herum wie Arbeitsbienen. Sie brachten oder holten unaufhörlich Gäste aus Palermo oder Neapel. Bei ihrer Abfahrt hinterließen sie eine Rauchfahne, die den Stromboli-Eruptionen alle Ehre machte. Und ihre Frequenz war enorm, alle zehn Minuten erreichte ein Schnellboot die Ausstiegstelle. Hunderte Urlauber wechselten die Plätze. Für die erste Nacht fanden wir Schutz an einer privaten Muringboje in der Nähe des verträumten Hauptorts. Schutz? Zumindest glaubten wir das, bis sich unser Kleiner am nächsten Morgen begeistert ans Schnorcheln machte, um uns hernach eifrig mitzuteilen, dass die Muringleine nur oben so dick sei. Unten sei nur ein dünnes Seil dran. Er glaubte, die Boje sei gar nicht richtig angebunden.

Kawumm! Es folgte ohne Umschweife ein morgendlicher Papabert-Köpfler mit Taucherbrille ins dunkle Meer. Tatsächlich, nur ein Zwirnsfaden hielt die Plastikboje bei weniger als eineinhalb Metern Wassertiefe und somit auch uns. Der Besitzer hatte uns am Vortag mitgeteilt, er verlange 50 Euro pro Nacht. Dafür wollte der geschäftstüchtige Herr tatsächlich so viel Geld? Mamabert schluckte.

Um nicht noch länger von Zwirnsfäden abhängig zu sein, verlegten wir uns umgehend in das stark frequentierte Ankerfeld weiter nördlich. Hier hingen wir wenigstens an einer Stahlkette. Es war die einzige flache Stelle rund um den Vulkan, an der geankert werden konnte. Deswegen lag hier auch auf kleinem Raum eine immense Menge an unterschiedlichsten Schiffen: kleinste Ruderboote neben stattlichen Dreimastern, Gummiaufblasboot

Männer bei der Arbeit.

neben Edelholz-Motoryacht. Knapp ging es zu. Im seichten Wasser lagen die Yachten wie Sardinen in der Dose, dazwischen (man glaubt es kaum) brausten mächtige Dinghi-Gummiwürste mit 300 Pferdestärken an uns vorbei. Der Schwell durfte sich sehen lassen. Unbeeindruckt ging Familie Bert schnorcheln, erfreute sich am klaren Wasser, am schwarzen Sand, an den fremdartig aussehenden schwarzen Lavasteinen. Kindbert fand auf einem Meter Tiefe einen Schädel einer Zornnatter – eines der wenigen Reptile am Stromboli. Das Skelett des Schädels lag, gehütet wie der Augapfel von Indiana Jones, bis zu unserer letzten Ankerminute an Bord direkt oberhalb des Steuerrads auf dem Cockpitpanel und wurde des Öfteren bemüht, wenn es um die Fundstückbeschau unter Seemännern ging.

   Schon seit Reggio wussten wir, dass in absehbarer Zeit Gewitterwolken anrollen sollten. Nach vier Nächten vor Anker und einigen Spaziergängen rund um den Vulkan planten wir schließlich eine geführte Tour zum Gipfel. Kindbert wollte endlich die Lavabrocken durch die Luft fliegen sehen. 25 Euro pro Person, 940 Meter steil aufwärts bei Nacht. Denn man sieht die Lava erst brodeln, wenn es finster ist. Vormittags noch mutig und in freudiger Erwartung wurde unsere Angst vor einem Unwetter schnell größer, nachdem sich um ein Uhr am Nachmittag außer unserer ILVA keine einzige Yacht mehr im Ankerfeld aufhielt. Genau an diesem Abend sollte die Gewitterfront anrauschen. Eiligst fuhren auch wir ab nach Panarea, einer kleinen Partyinsel mit einer nach Norden hin geschützten Bucht. Das bedeutete aber nicht sonderlich viel Schutz, denn das Unwetter kam von Süden. Aber egal, immerhin besser als hier am Stromboli auszuharren. Hier gab es nämlich gar keine Bucht. Man lag offen da, war bei jeder Windrichtung ein gefundenes Fressen für die Wellen. Aber vielleicht würde sich die Richtung des Gewitters ja ändern. Mit etwas Stress im Rücken machten wir uns auf den Weg und hatten eine eindrucksvolle Bilderbuchfahrt nach Panarea. Mit Vollzeug und leichtem Amwindkurs stampfte ILVA inmitten von extrem langen Wellen mit sieben Knoten dahin. Schon nach wenigen Stunden erreichten wir die Insel. Traumhaft. Was soll man noch sagen? Waren wir doch in die Karibik gesegelt?

Manche Orte kann man riechen, bevor man sie sieht. Von Casablanca werden solche Geschichten erzählt. Panarea hörten wir, bevor wir die Insel sahen. Das noch aus Italien bekannte und wenig vermisste „onki, onki, onki" ertönte wieder. Mächtig waren die Boxen der strandnahen Discos. Mächtiger als alles andere, was wir zuvor in puncto Menschenbeschallung gesehen hatten. Eine Disco reihte sich an die andere. Die Dächer hatte man zu Tanzflächen unter den Sternen umgebaut. Auch die

Paradiesische Tage vor Anker am Liparischen Archipel.

Vulcano mit den zwei Ankerbuchten (folgende Doppelseite).

Unwetterwolken, die mittlerweile aufgezogen waren, zeigten sich mächtig und beeindruckend. Eine Bootscrew auf einer wie wir vermuteten gecharterten Yacht begann erst jetzt, in Richtung anderer Inseln des Archipels abzusegeln – direkt in die Fänge des Sturms. Ob diese Menschen über viel Ehrgeiz oder viel Dummheit verfügten, konnten wir in der Eile nicht herausfinden.

Imposant umrandeten die aufziehenden dunklen Kumulonimbuswolken die immer kleiner werdende Yacht, lange bevor sie diese endgültig verschluckten. Einige Windhosen trieben gefährlich aussehend am Horizont herum. Manch eine zog sich in sicherer Entfernung bis zur Wasseroberfläche hinunter. Was wohl passieren würde, wenn eine Windhose über uns hinwegfegte? Die angesteuerte Bucht auf Panarea war jedenfalls voll belegt. Der Anker hielt an einer Engstelle ganz in der Mitte der vielen Boote nicht. Außerdem wurden wir bei unserem Ankermanöver von so manchem Bootsbesitzer beziehungsweise seiner Angetrauten schon ganz unruhig und skeptisch beäugt. Das drückte irgendwie auf den Seglerselbstwert. Somit blieb uns nur übrig, an die Muringboje des nahen Muringfelds zu wechseln. Aber das würde teuer werden, das sagte uns unser Instinkt.

Der Betreiber vom Muringfeld verlangte 100 Euro für das Anlegen an seiner Boje. Pro Nacht und ohne Mengenrabatt. 100 Euro für das Anbinden des unsrigen Seils an ein anderes Seil, von dem man nicht einmal genau wusste, ob es dem Sturm überhaupt standhalten würde. Außerdem entband das Festmachen an der fremden Leine nicht von der Verantwortung für Leib, Leben und Schiff und auch nicht von der Verantwortung für die anderen Schiffe, inklusive ihrer mehr oder weniger verantwortungsvollen Crews. Die 100 Euro waren zwar ein kleiner Schock gewesen, aber beim Anblick unserer Gesichter, die von den Gewitterwolken schon tief beschattet wurden, musste der Marinero gewusst haben, dass wir die Summe in jedem Fall zahlen würden. Wie sich herausstellte, war jeder Cent gut investiert. Windspitzen mit bis zu 50 Knoten rasten bereits zwei Stunden später über uns hinweg. Die See baute sich immer weiter auf und rollte gewaltig und böse in die ungeschützte Bucht, in der wir an einer Boje hingen, die am Grund hoffentlich gut einbetoniert war. Die Bucht bot gegen die anrollende See kaum Schutz, denn sie war genau in Windrichtung offen. Vermutlich wirkte sich die nahe Steilküste nur etwa 100 Meter hinter uns sogar noch nachteilig aus, denn die Wellen schienen gleichzeitig von vorn und hinten zu kommen. Das Dinghi hatten wir in der Eile noch nicht wieder an Bord holen können, bei der steifen Brise wäre das auch gar nicht möglich gewesen. Mit Fendern geschützt banden wir es seitlich an der Bordwand von ILVA fest, so waren wir auch kürzer, was angesichts des engen Bojenfelds kein Nachteil war.

Wir brachten die zwei dicksten Festmacher aus, fädelten sie noch zusätzlich zur Öse oben in den Stahlring unter der Boje und hofften auf ein baldiges Ende des Unwetters. Je höher die Wellen kamen, desto höher stieg auch unser Dinghi. Manchmal schlug es wild umher, hob die Fender aus ihren Positionen und knallte an die Bordwand. Im Takt von drei Minuten passierte das etwa ein Mal. Hin und wieder stieg es höher als unsere Köpfe im Cockpit. Wir sahen quasi zu unserem fahrenden Bücherregal hinauf. Es schien, als wolle das Beiboot voller Angst zu uns ins Cockpit und sich verkriechen – genauso wie wir. Der Sturm ließ uns keine Minute schlafen, nur Kindbert überstand alles in der Vorschiffkabine (die mit den meisten Schiffsbewegungen), er büselte tief und fest bis zum Morgen. Er war nun tatsächlich seefest geworden.

Immer wieder mussten wir an der Boje hängend kräftig mitsteuern. So versuchten wir zu vermeiden, dass uns eine Welle von der Seite traf, denn das ergab eine schlimme Schräglage, die sich durch abwechselndes Schaukeln in alle möglichen Richtungen erst langsam beruhigte. Zwischenzeitlich kam der Bojenbetreiber vorbei, um uns zuzurufen, wir sollten die Leinen verlängern, damit die Yacht besser mit den Wellen mitgehen könne. Das war ja eine gute Idee, ging aber am Sinn von Sicherheit vorbei. Denn die Yacht an der nächsten Boje neben uns war um vieles größer. Je länger unsere Leinen, desto mehr Platz benötigten wir. Die Wellen zusammen mit dem Wind ließen die Yachten manchmal wirr durcheinanderdriften. Manchmal kam das Heck dieses Ungetüms beunruhigend nahe. ILVA schien sich wegen ihres langen Kiels anders zu verhalten als die kiellosen Motorboote. Das ergab sehr unterschiedliche Reaktionen der knapp nebeneinander schwimmenden Teile in Wind und Welle.

Bald war zu erkennen, dass das Zentrum des Sturms durchgezogen war und wir nur noch die Ausläufer zu spüren bekamen. Die Wolken zogen rasch über den Himmel, wurden sichtbar, wenn dahinter die Blitze zuckten. Es wurde Nacht. Etwas auf einer Insel in der Nähe sah aus wie ein Lavaausbruch – hell-gelb-orange hoch oben am Berg, aber wer weiß, vielleicht war es nur ein inszeniertes Schauspiel für finanziell potente Segler? Dann, um fünf Uhr morgens, nickte Papabert für zehn Minuten ein, blickte aber doch zwischenzeitlich nach vorn zum Bug. Plötzlich: das Nachbarschiff! Die dicke Motoryacht mit ihrer fetten Badeplattform war nur mehr einen halben Meter von unserem Bug entfernt. Zunächst sah es ohnehin so aus, als wären wir schon in das Heck gekracht. Papabert hastete zum Steuerstand, startete die Maschine und legte den Rückwärtsgang ein. Volle Kraft zurück! Das war knapp. Der Skipper der anderen Yacht war nicht mal zu sehen, die ganze Nacht schon nicht. Vermutlich war gar niemand an Bord, möglicherweise ging der in der Disco gerade so richtig ab. Das hätten wir uns auch gewünscht. Verflucht wurde diese Nacht. Wir wünschten uns nicht nur in die Disco, sondern auch einen Tag lang in ein Hotel, mit Bett, Dach, Fenstern aus Panzerglas, Betonwänden und Heizung mit Erdgas.

Aber gottlob geht jeder Sturm einmal vorüber, und es erschien wieder ein Regenbogen um die Ecke. Am Tag darauf verließen wir die Muringboje und verholten ein Stück weiter westlich in ein Ankerfeld vor den Ort Panarea. Der Ankergrund war ohnehin perfekt, unseren Zweitanker holten wir diesmal aus seiner Lethargie und setzten ihn ebenso. Hier war auch nicht mehr Schwell zu erwarten als im Bojenfeld, und ein paar Euro pro Nacht zu sparen tat gut. Das Anlanden in Panarea City war für *boatpeople* – die wir mittlerweile waren – ein Kulturflash. Die optischen und akustischen Flutwellen der modernen Kulturlandschaften überrollten uns. Diesmal war es noch nicht allzu spät, und wir hatten Zeit, uns um die Besichtigung der Insel zu kümmern.

Die Hauptstraße von Panarea war eine einzige Konsummeile. Die verschiedenen Rhythmen der Drum'n'Bass Beats vermischten sich mitunter waghalsig. Der Lärm war fundamental, mindestens so fundamental, wie manche Touristen hier auf Drogen waren. Wir flüchteten binnen Kurzem weg von hier zum einzigen Platz im Ort, wo es ruhig war: zum Friedhof. Allen, die auf Panarea zur Ruhe kommen wollen, sei er ausdrücklich empfohlen. Ein ringbefriedeter Flecken Wiese auf einer Anhöhe, umgeben von Palmen, alten Steinmauern und üppigem Grün. Viele unterschiedliche Gräber sind hier angeordnet. Eines davon fiel besonders auf. Es war von Sulfaro Pino, einem Mann, der aussah wie eine Frau. Fotos auf seinem Grabstein zeigten ihn mit seinem Liebhaber beim Fischen. Diese Toleranz und Freizügigkeit über den Tod hinaus gefiel uns. Weiter auf den Anhöhen und in den engen Gassen des Orts still dahinschlendernd, fanden wir traumhafte Häuschen, manche zu verkaufen, manche schon länger unbewohnt, verwachsen, ungepflegt. Mindestens zwei von uns wünschten sich für immer in eines dieser Anwesen hier, neben Orangenbäumen, Papaya- und Mangobäumen und Maracuja-Stauden. Das blieb natürlich angesichts der Preisgestaltung ein kurzlebiger Tagtraum, der nur am Rande Erwähnung finden soll.

Weitere zwei Nächte später segelten wir nach Vulcano, eine der größten Inseln des Archipels. Mit Vollzeug segelten wir vorbei an Salina und Lipari. Am liebsten hätten wir jede Insel einzeln besucht. Aber es galt, Kindberts versprochene Vulkanbesteigung einzulösen. Auf einer Insel, die Vulcano hieß, musste das ja wohl möglich sein. Aber wir wollten ankern in Porto di Levante, dem einzigen Hafen an der Ostseite der Insel. Das war der Plan. Von dort war es nur ein Katzensprung auf den Vulkan. Außerdem war die kleine Stadt vom Meer aus gesehen eine Augenweide und lud uns eindringlich zum Bleiben ein. Die Bucht war riesig und von Hunderten Yachten belegt. Es war auch noch gar nicht spät am Tage, als wir dort nach drei schönen Segelstunden ankamen und eine Runde durchs Ankerfeld drehten. Vielleicht gab's ja doch eine Möglichkeit, hier vor Anker zu gehen und ein paar Euros zu sparen.

Ein Marinero vom Muringfeld kam mit einer motorisierten Gummiwurst heran und fragte uns, ob wir eine Muringboje wollten. Selbstbewusst sagten wir ihm *„no grazie, anchor, prego"*, er lächelte und drehte ab. Nicht ohne Grund. Das Ankerfeld und auch alles andere in diesem Teil der Bucht war schon von schwimmenden Untersätzen belegt.

„In nessun caso Anker!" – bei 30 Metern Tiefe wäre noch ein Plätzchen zu haben.

Schön, das war aber bei unserer Kettenlänge nicht zu machen. Schmerz lass nach! Da bräuchte man mindestens 100 Meter Kette! Etwas enttäuscht mussten wir uns eingestehen, dass wir hier nichts machen konnten. Und wieder 100 Euro für eine Nacht wollten wir uns nicht leisten. Also gingen wir per Maschine wieder retour nach Norden und kamen so letztlich fast ganz rundherum. Schlussendlich fanden wir eine geniale Stelle zum Ankern vor Gelso, am Südzipfel der Insel. Nicht zu tief und nicht zu knapp zu den anderen Booten (die letzten Erlebnisse waren uns eine Lehre). Optimaler Ankergrund, sechs Meter Tiefe. Nur wenige Yachten lagen hier. Vielleicht zehn kleinere Boote, auch ein paar Katamarane. Ein Kat-Kapitän grillte gerade mit Holzkohle auf einem seiner Rümpfe am Heck.

Bis dato war dieser Ankerplatz der ruhigste seit der ganzen Reise. Kein Schwell, kein Geschaukel. Nicht sofort kamen wir dahinter, warum das so war. Erst wegen der vielen Quallen, die neben uns in einem Eilzugstempo vorbeitrieben, kamen wir hinter das Geheimnis. Wie ein Fluss im Takt der Tide, ausgelöst durch die Straße von Messina, schob sich das Meer hier wie ein Fluss an uns vorbei. Das machte anscheinend das Entstehen von Schwell unmöglich und schenkte uns einen Traumplatz wie im Hafen vor hochaufragenden Klippen, überzogen vom wuchernden Grün. Diese Bucht überzeugte auch ausnahmsweise mal mit abendlicher Stille – keine Disco-Beschallung. Denn hier gab es fast keine Menschen und nur zweimal täglich eine Busverbindung nach Porto di Levante. Anscheinend quälte sich niemand von dort über den heißen gewundenen Asphalt, nur

um hier baden zu gehen. Uns gefiel das ausgesprochen gut. Ein beschaulicher Strand, ein Restaurant ohne Besucher und ein paar verwaiste Sonnenschirme, ein Hotel für an Einsamkeit gewöhnte Autisten, eine Minimole und (dem Himmel sei Dank) eine Straße nach Porto di Levante! Das war alles, worum es hier ging. Das war unsere Welt in Gelso. Aber: Nach Porto mussten wir unbedingt, denn wir hatten Kindbert ja die Vulkanbegehung versprochen. Und Versprechen brechen gilt nicht.

Los ging's am nächsten Morgen per Bus in den Touristenpfuhl Porto di Levante. Allein die Fahrt auf dieser Straße war ein Erlebnis für sich. So eng und wild, den steilen Berg hinauf und auf der anderen Seite auch wieder hinunter, sogar für uns Bergmenschen aus dem engen Alpenländle waren diese Straßen- und Platzverhältnisse etwas arg. Der ohnehin kleine Bus musste an fast jeder Kehre einige Male reversieren. Die Straße faltete sich wie ein Stück Papier am Abgrund entlang und kam sparsamerweise ohne Leitschiene aus. Dennoch heil in Porto angekommen, war sofort klar, wo es zum Vulkan ging.

Es gab nur eine Hauptstraße. Relativ früh am Vormittag begannen wir den Aufstieg. Etwa eine Stunde später standen wir trotz früher Stunde verschwitzt am Kraterrand. Zu aller Überraschung war Kindbert schwer enttäuscht, dass aus dem Krater keine Lavabrocken auf uns geschleudert wurden und wir nicht durch glühende Ströme flüssigen Gesteins wandern mussten. Aber ja, die heißen Schwefelherde oben am Rand der steinigen, heißen Abgründe waren ihm dann doch auch ein bisschen unheimlich, wenigstens wenn er ihnen ganz nahe kam. Verdammt giftig roch das Zeug. Aggressiver Dampf und heiße Rauchschwaden nebelten uns ein. Das war endlich spannend genug. Papabert bekam von den Dämpfen Kopfweh, Mamabert eine Verbrennung am Knöchel, weil sie versuchte, wie eine Gämse über einen Schwefelkrater zu hüpfen und dabei kläglich scheiterte. Kindbert dachte schon an eine bedrohliche Vergiftung durch Schwefeldampf.

Der Ausblick vom Vulkan war aber unvergleichlich. Fast jede der zwölf Inseln des Archipels war zu sehen. Klarster Himmel, klarste Luft, wir hatten die besten Bedingungen erwischt. Von oben sah auch Porto di Levante wunderschön aus. Weiße Häuser inmitten tiefgrüner Vegetation, eine Kleinstadt zwischen zwei Buchten eingezwängt. Je nachdem, woher Wind und Wellen kamen, bot diese Stadt zwei Möglichkeiten zum Ankern (wenn es denn freie Plätze gibt). Weiter Richtung Westen lagen Berghänge, auf denen etwas angebaut wurde. Ziegen und Schafe grasten zwischen angelegten Obstgärten. Man hätte eine komplette Runde um den Krater gehen können. Für uns war das

Auf dem Vulkan von Vulcano.

dann doch nicht so erstrebenswert, denn die Eintönigkeit dieses Orts und die Mittagshitze flüsterten uns zu: Ihr müsst bald wieder in den Schatten, um keine Hirnverbrennung zu kriegen!

Wieder zurück in Porto brachte uns dann ein Bad im öffentlichen Schlammpfuhl in der Nähe des Ortszentrums die nötige Entspannung nach der Bergwanderung. Heiß von oben, heiß von unten, überall blubberte es gelb-grau, und alle stanken wir gemeinsam nach faulen Eiern. Besonders sehenswert waren die weißen und sicher sündhaft teuren Bikinis optisch einwandfreier Frauen und bodygebildeter Männer, wenn diese von oben bis unten mit eitergelbem Stinkeschlamm besudelt waren. Die Menschen schauten sich gegenseitig an und lachten. Auch uns gefiel es – *roots, bloody roots!*

Auf dem Heimweg Richtung Gelso hatten wir noch das Glück, zwei Fischer zu treffen, die uns frisch gefangene Doraden anboten. Die Preise waren zwar unverschämt, aber angesichts ihrer leeren Fischernetze wollten wir nicht mit ihnen feilschen, sondern freuten uns auf das Abendessen. Dorade *à la limone*.

Unser Griller am Heckkorb wurde wieder einmal befeuert, die Doraden wurden in Folie gewickelt, gegrillt, mit Saft beträufelt, herrlich zubereitet. Kindbert versuchte, mit den Fischresten einen Fisch zu fangen. Leider wurde nichts daraus. Zur Ablenkung fischten wir kleine und größere Quallen aus dem Strom, um sie im durchsichtigen Kübel zu betrachten und zu testen, ob ihre Tentakel nun auf der Haut brennen oder nicht. Es waren schöne Tage, ereignisreich und noch lange Zeit erinnerungswürdig. Die Tentakel brannten übrigens nicht.

Beim Ablegen in Richtung Cefalu auf Sizilien passierte noch ein kleiner Zwischenfall: Nach zehn Minuten Motorfahrt würgte unser Motor eigenartig. Zum Glück hatten wir nur wenig Drehzahl und alles gleich abgestellt – war das Getriebe hinüber? Hatte sich was in den Antriebsstrang gezwängt, das nicht hingehörte, oder vielleicht etwas um die Schraube gewickelt? Erst mal setzten wir die Genua, um nicht in das Kap zu krachen. Denn wir waren noch nicht weit genug vom Land entfernt. Troubleshooting light – nach einem Blick in die Bilge war klar: Das kann nur etwas außen am Propeller sein. Und tatsächlich: Eine kaputte Luftmatratze hatte sich um den Propeller gewickelt und wollte sich in ihrem Leben noch ein letztes Mal wichtigmachen. Aber nicht mit uns! Mit Taucherbrille, *Wednesday*-Unterhose (das beliebteste Segleroutfit) und einem Festmacher um die Hüfte schritt Papabert zur Tat. Das Ding ließ sich einfach klarieren, besser als jedes Fischernetz oder jede Leine. Der Schreck blieb uns aber eine Zeit in den Gliedern stecken, so schnell könnte eine Reise zu Ende gehen.

Ein Schlammbad auf Vulcano taugt nicht nur zur Entspannung.

Von Sizilien nach Sardinien

Während der 50-stündigen Überfahrt von Sizilien nach Sardinien konnten wir nur sieben Stunden segeln. Den Rest mussten wir motoren. Eine ganz ganz fiese Flaute ließ nicht locker. Unser Dieselkonsum auch nicht. Oftmals probierten wir, die Genua zu setzen. Das war aber insgeheim nur, damit das Groß nicht ganz allein hin und her schlug. Eine Weile warteten wir, was passierte, dann starteten wir wieder unseren Flautenschieber. Weder ein Wellchen noch ein Lüftchen war zu erblicken.

„Der einzige Wind, der hier weht, kommt von sozial tabuisierten Orten", meinte Papabert und ließ gleich hören und riechen, was er genau damit meinte.

Platt wie ein Spiegel war die See, wie in Breitenbrunn am Neusiedlersee. Nur mit zwei Kilometern statt zwei Metern Wassertiefe. Wundervoll spiegelten sich die Wolken im Wasser. Die Wiederkehr des Nichts. Manchmal glaubten wir förmlich zu schweben, Horizont und Himmel bildeten oft eine einzige Sphäre. Auch die Nachtfahrten waren angenehm. Nur einmal waren wir kurz mit einem Tanker auf Kollisionskurs. Das war das einzige Schiff, das wir sahen.

Mit Kindbert bastelten wir Papierflieger und übten uns im Zielfliegen. Der Hackysack wurde ausgepackt und im Cockpit beidbeinig trainiert. Gekocht wurde, was die Speisekammer hergab. Eingekauft hatten wir genug. Wir entdeckten tausendmal gesehene Filme auf Englisch neu oder hörten Tool in der guten altbewährten italienischen Volldröhnungsqualität.

Mit viel Sitzfleisch und durchvibriertem Hintern erreichten wir Sardiniens Südspitze glücklich und auch mit etwas Stolz.

Unterrichtsstunde im Fach „Sandburgenbau bei Schönwetter" im Süden Sardiniens.

Das einzig Blöde war gewesen, dass wir für die Motorfahrt noch keinen Autopiloten hatten. Wir mussten 43 Stunden am Stück steuern, alle zwei bis drei Stunden eine Ablöse machen, auch während der Nacht. Das war gar nicht urlauberisch, sondern fast wie arbeiten im Akkord. Papabert, als Kapitän verantwortlich für all die angewandte Technik an Bord, entschied nun endgültig, dass das so nicht weitergehen konnte. Sobald wie möglich musste ein Pinnenpilot geordert werden. Der sollte bei den Motorfahrten die Aufgabe des Winds übernehmen und uns über das Pendulum-Ruder der Windfahnensteuerung auf Kurs halten – auf Kompasskurs. Noch hatten wir es nicht geschafft bis zur totalen Bequemlichkeit. Noch war unter Maschinenfahrt selbst Hand anzulegen. Das sollte sich aber ab Mallorca ändern.

Sardinien – Fahrtensegeln für Reich und Schön

Auf dem Weg von Villasimius im Süden Sardiniens nach Calasetta im Südwesten der Insel saßen wir im Cockpit und schrieben an unseren Berichten. Der vierte Steuermann segelte hart am Wind. Kindbert lag zwischen Polsterbergen im Salon und starrte auf „Tom und Jerry" im Laptop, um sich wieder ans Stampfen zu gewöhnen. Fünf schweineteure (das hört sich zwar nicht edel an, ist aber nicht übertrieben) Nächte in der Marina Villasimius hatten wir nach unserer Überfahrt von Sizilien gebraucht, um wieder auf die Seglerbeine zu kommen. Fünf Tage am Strand, mit dem Lenkdrachen fliegen, im Schnellimbiss der Marina beim Kaffee sitzen, beim Angel-*Watching* an der Pier. Irgendwie fühlten wir uns nach unserer Ankunft in Sardinien schwer matt, obwohl wir doch nicht viel gearbeitet hatten. Auch trafen wir dort endlich wieder deutschsprachige Menschen mit Kindern, damit Kindbert nicht an Einsamkeit erkrankte.

Nächte voller Entspannung hatten wir hinter uns, Tage am Strand in netter Begleitung. Ohne Geschaukel und Bumbum, wenn überhaupt, so haben nur Kinder geschrien (und die waren nicht von uns, also egal). Auch erheiternde Begegnungen mit unserem Lieblingsmarinero in Calasetta hatte es gegeben. Während wir draußen vor dem Marinabüro unsere Freunde und Verwandten via Internet mit Infos versorgten, hörten wir durch das offene Fenster wohlbekannte Klänge von Rammstein. Wir sangen lauthals mit und verschwendeten erst dann einen Gedanken an die Vorteile englischsprachiger Musik, als Kindbert fragte: „Was meinen die eigentlich mit: Bück dich?" Unsere Erklärungen waren zugegebenermaßen ein wenig holprig.

Nuraghe an der Südküste Sardiniens (folgende Doppelseite).

Erwachsenenmusik halt. „Aber Papa, warum soll man sich bücken?", fragte Kindbert noch mal, „und warum interessiert einen das Gesicht nicht?"

„Ja, das sind eben die Heavy-Metal-Musiker", sagte Papabert, „suchen immer etwas Ausgefallenes und sind dabei gar nicht unkreativ."

Kindbert grübelte weiter darüber nach. Die Antwort von Papabert schien ihn nicht zufriedenzustellen.

Der Körperschweiß hatte schon in Villasimius ein abendliches Ende. Immer öfter regnete es unergiebig, und auch ein Gewitter ging hernieder, geschützt im Hafen war so ein Unwetter ja durchaus imposant. Solange man nicht zwischen den Wellen surfen und sich einem Gewittersturm am Steuer seines einzigen Hab und Guts stellen musste, blieben die Naturschauspiele wirklich sehr schön. Eine der besten Möglichkeiten, sich an der Kraft der Natur zu erfreuen – wenn man selbst nicht in ihren Fängen war.

Während wir ILVA mithilfe von zusätzlichen Leinen das Hafenleben in den Fallböen erleichterten und unsere *Sundowner* schlürften, mussten andere mit ihren Riesenpötten erst mal im engen Hafen in die vorgesehenen Lücken finden. Oft ging dies nur mehr mit der Hilfe der emsigen Hafenarbeiter in ihren bulligen Radiergummibooten mit den starken Motoren. Von drei Seiten schoben sie die Yachten perfekt auch gegen den Wind in die noch verbliebenen Liegeplätze. Spektakulär waren diese Einsätze allemal anzuschauen, der Lärm, die Zurufe, die mit Angst erfüllten Blicke mancher Crewmitglieder, Maschinen auf voller Last, Gas vor und zurück, zerfetzte Segel. Alles, was schwimmfähig war, schien plötzlich einen Liegeplatz zu brauchen.

Die Marina war rappelvoll für eine Nacht. Aber schon tags darauf merkte man: Hier blieb niemand einen einzigen Tag länger als unbedingt nötig. Und das hatte seinen Grund: Pro Nacht zahlten wir satte 120 Euro für unsere kleine ILVA. Dabei waren wir der Meinung, im Vergleich zu den meisten anderen Yachten in den Marinas war unser Boot klein. 35,5 Fuß. Das klang ja mal bescheiden. Im Vergleich zu den Dingern, die hier herumstanden? Manche sahen aus wie Miniatur-Kreuzfahrtschiffe, waren mindestens 30 Meter lang.

Dafür gab's hier im Gegensatz zu Süditalien wirklich alles, was Seglerherz samt Bootsherz so benötigen könnten. Auch Drinks für ILVAs Motor: Die Marina verfügte über eine Tankstelle, die erste normale Tankstelle für Schiffe, die seit Brindisi in Betrieb war. Ausgenommen Cefalu – aber da floss der Diesel ja einfach ins Meer. Hier war viel los. Schon von Weitem sah man eine Schlange von Yachten, wie auf der Autobahn. Alle warteten auf die Flüssigkeit. Also warteten wir noch mit dem Ablegen und trafen uns lieber mit unseren Freunden aus Deutschland. Die kamen uns nämlich im Hafen besuchen. Die Jungens probierten, einen Fisch zu fangen. Wir sahen ihnen dabei zu und plauderten über die schönen Strände hier.

Stunden später fuhren wir mindestens sieben Runden im hochfrequentierten Hafenbecken im Zickzackkurs, weil die einzige Motoryacht vor uns ihre Tanks einfach nicht voll kriegen wollte. Was wir erst verstanden, als wir selbst den Zapfhahn in unsere Tanköffnung hielten. Aus dem Rüssel floss purster Diesel-Champagner. Der Diesel schäumte auf wie Sprudelwein mit Bier und einer Portion Bananenbrause vermischt. Um 100 Liter Diesel einzufüllen, brauchten wir fast eine Stunde. Länger als mit den Kanistern in Reggio. Jetzt wurde klar, warum die Tankstelle immer Betrieb hatte.

Die Südspitze von Sardinien erscheint uns im Rückblick in jedem Fall eine Reise wert – vereinzelte Buchten mit herrlichen Stränden, dazwischen sattes Grün verteilt auf felsigen Hügeln, sauberes Meer, zerfurchte Felsen mit Fischen zum Schnorcheln, Nuraghen zum Erwandern im Hinterland und etwas Touristen-Angebot am Strand. Auch die Marina in Villasimius war eine der wenigen, die für das viele Geld was geboten hat. So kamen wir zum Beispiel rasch an einen Adapter für unser Landstromkabel. Es gab WC und Dusche an der Pier, ein Lebensmittelgeschäft, eine Apotheke, animierte Wetterberichte, den Waschsalon, die Fastfood-Bude. Sogar ein schickes Restaurant mit schicken Leuten. Das war mittlerweile wirklich ungewöhnlich für uns geworden.

Aber schon am nächsten Tag war Schluss mit der Urlaubszeit im schönen Hafen. Wir mussten raus, die Reiselust hatte uns wieder gepackt. Das Budget vermeldete beginnende Schwächeanfälle; außerdem war der Gedanke, bald auf eigenem Kiel nach Spanien zu segeln, ein Motor für unsere Motivation. Wir kreuzten an der Südküste Sardiniens entlang nach Calasetta im äußersten Südwesten. Eine gute „Absprungposition" für die Überfahrt nach Menorca war uns damit sicher.

Drei Tage auf See – Spanien erwartet uns

Der Süßwassersee auf dem Meer am Mar Menor (Südspanien).

Vier Nächte des Wartens in der Marina von Calasetta waren auch für uns genug. Wir wollten weg, obwohl die Menschen hier so nett waren. Warmherzig, für jeden Witz zu haben, weltoffen, anti-aggressiv, musikbegeistert und verständnisvoll für Probleme segelnder Kleinfamilien. Uns fiel die Abfahrt nicht nur wegen des Wetters schwer. Auch der anstehende Langstreckentörn machte uns ein bisschen nervös. Unser Bauchgefühl sagte uns, dass eine ziemlich harte Fahrt bevorstand. Schon am Donnerstagabend sollte es bei Menorca auffrischen. Bis zu 25 Knoten. Das wollten wir uns in jedem Fall sparen.

25 Knoten auf offener See, die sich im Golf von Lyon aufbauen, werden mit Sicherheit ungemütlich. Unsere Spontanität war wieder gefragt. Jetzt oder nie. Raus in die Wildnis. Es waren ja nur 250 Seemeilen bis zu den Balearen. Aus Nervosität und ein bisschen Angst spielten wir das Bevorstehende herunter und machten es lächerlich. Was soll schon sein? Wir waren ja mittlerweile richtige Seebären. Papabert fehlten nur noch die Augenklappe und ein Holzbein, Mamabert der Papagei auf der Schulter. Was hatten wir nicht alles schon erlebt auf allen möglich Segelschiffen rund um die Welt? Gab's noch irgendwelche Probleme auf schwimmenden Untersätzen, die wir nicht gemeistert hatten? Nicht, dass wir wüssten.

Drei Tage hatten wir also Zeit, laut Wetterbericht. Auch weiter im Süden an der nordafrikanischen Küste herrschte Starkwind. Mit Kurs 290° würden wir genau zwischen zwei Starkwindzonen hindurchsegeln, sofern wir den Kurs nicht ändern müssten und die Winde auch dort blieben, wo die Handy-App sie hinmalte.

Wer gläubig ist, könnte beten. Würde sicherlich nicht schaden. Schon 20 Knoten Wind, gepaart mit aufgepeitschten Wassermassen ergeben eine speib-üble Suppe weit draußen auf dem Meer. Gab's nicht doch irgendwo eine Küste zum „Anlehnen"? Schon, in Algerien.

Aber bloß nicht ohne Sprudel fahren! Wer wusste schon, wie weit uns die letzte Champagner-Tankfüllung bringen würde. Wieder einmal gab es keine Tankstelle. Wo die unglaublich vielen Fischerboote tankten, konnten wir auf die Schnelle nicht herausfinden. Vielleicht fuhren die mit Elektromotoren oder gar Reaktoren? Wir mussten also noch weiter westlich zur nahe gelegenen Insel San Pietro und zu dem Örtchen Carloforte zum Tanken – eine Stunde Fahrt. Die Eckdaten begeisterten uns nicht besonders: Die Wassertiefe im Hafenbecken hatte nur einundhalb Meter laut Handy-Navigation. Wir hatten einen Meter vierzig Tiefgang. Puh! Eine kleine Welle und es würde eng werden. Aber die Alternative war ebenso nicht berauschend: Erst 20 Seemeilen weiter im Norden lag der nächste Hafen mit Tankstelle. Das wären vier Stunden Fahrt. Zu viel. Dann lieber die Pobacken zusammenkneifen und auf „leicht" machen.

Aber unsere Sorgen waren übertrieben. Ein geschäftstüchtiger wie freundlicher Marinero griff uns schon weit vor der Hafeneinfahrt mit der Gummiwurst auf und fragte nach unserem Tiefgang. Alles paletti, beruhigte er uns. Wir legten an. Tanken? Ja, tanken könnten wir. Mit einem Wink zeigte er auf die Straße. Wir sahen seinem Fingerdeut mit großen Augen nach, auf die Hauptstraße, auf eine Kreuzung – dahinter eine Agip.

„Si, si, in quel luogo", dort. Er nickte freundlich.

Zum Glück bauen die Sarden ihre Auto-Tankstellen so nahe an ihre Marinas, dass man sie von der Pier aus sehen und *per pedes* besuchen kann. Danke! Wieder mal wanderte die Familie Bert mit geborgtem Kanister auf die Straße, um ihr Boot zu betanken. Zum Glück wussten wir nun schon, wie es ging. Obwohl wir die Maschine bis Mallorca gar nicht brauchten. Aber so viel wussten wir ja zu der Zeit noch nicht. Einen Sicherheitsanruf machten wir noch, auf Drängen Papaberts: Wenn wir uns am Samstag bis Mittag nicht telefonisch gemeldet hätten, dann sollte man uns doch bitte suchen lassen. Irgendwo mitten auf dem Mittelmeer oder kurz vor der Küste von Algerien. Nina blieb zu Hause die Spucke weg. Anfangs dachte sie, wir hätten vielleicht zu viel Wein erwischt und würden scherzen. Erst nach mehrmaligem Betonen, dass das sicher kein Scherz sei, war auch sie überzeugt von unserer Dringlichkeit und zückte Papier und Kugelschreiber, um die Daten zu notieren. Abfahrtsort, Zeit, Kurs, Wind, See, Zielort.

Und gleich darauf ging es hinaus aufs offene Meer. Mit Vollzeug begannen wir unseren Törn, der in einem engen Zeitfenster bleiben musste, sofern wir das Übelste vermeiden wollten. Der Lifebelt blieb für einige Zeit unser ständiger Begleiter. Meterhohe spitze Wellen rollten schräg von vorn an. Sie hoben uns und alles rund um als auch in uns (Mägen, Blasen, Gehirne) und senkten alles wieder, im Fünf-Sekunden-Takt. Die Wellen standen hoch, weil der Meeresboden hier sehr steil anstieg (es ist ja immer gut, wenn schlechte Dinge eine fachlich fundierte Erklärung kriegen). Wir hielten die Ohren steif und segelten einfach weiter. Wir versuchten, uns einzureden, dass es draußen sicher besser werden würde. Denn da glättet sich der Meeresboden.

So war es dann auch. Die Wellen waren weiter draußen zwar noch hoch, aber gutmütiger, langgezogen und rund, ohne Gischt. Wir fielen ein bisschen ab, auf Kurs 280°. Damit kamen die Wellen mehr von Steuerbord, was immer wieder auch zu stärkerer Schräglage führte. Dafür setzte ILVA leichter in die Wellen ein. Zum Glück war genug Wind. Papabert konnte die Windfahnensteuerung so einstellen, dass sie mehr als 50 Stunden problemlos steuerte. Genau auf Kurs, die Windrichtung änderte sich nie. ILVA glitt leicht gerefft auf Halbwindkurs dahin, mit dem vierten Steuermann als Verantwortlichem.

Eigentlich müssten diese Bedingungen jedem Segler ein Grinsen ins Gesicht zaubern. Aber für Papabert und Kindbert hieß es, die Zähne zusammenzubeißen und sich flach auf den Boden zu legen. Denn die Seekrankheit hatte sie erwischt. Mit einem Mal. Mit gutem Abstand hoben die Wellen uns hoch und setzten uns hernach wieder nieder, das Ganze nur unterbrochen von wildem Geschaukel. Mit den Stunden ohne Ruhe für ihre Körper war das scheinbar zu viel für ihre Mägen. Kindbert hatte es mit dem „Götterblitz" im Prater verglichen, obwohl er niemals damit fahren würde. Nur Mamabert blieb über die ganze Zeit hinweg unversehrt. Was für ein schöner Zufall. So konnte sich wenigstens ein Crewmitglied um alles Notwendige kümmern. Die Nächte auf See waren unheimlich. Denn das gewittrige Wetterleuchten von Nord und Süd erinnerte uns stets daran, Kurs zu halten und schnell zu bleiben. Immer wieder waren Blitze zu sehen. Zwischen dicken Wolken zuckten sie hervor. Keiner konnte sagen, wie weit entfernt. Aber mehr als hohe Wellen waren zum Glück vorerst nicht zu erwarten. Dies war dennoch hinlänglich genug für die Bergmenschen und ihre sieben Zwetschgen auf See. Es klapperte, klimperte, ächzte und klopfte überall, das Backrohr mit seinen Innereien schrie lauter als der AIS-Alarm. Ja, auch dieses Gerät konnte wieder nicht umhin, alle verlorenen Ziele immer wieder neu zu melden. Es war wie im Spukschloss, wo sich die Gänge verbiegen, Böden in Wellen liegen und Stufen plötzlich nicht mehr gerade sind. Haltegriffe verschwanden

Einsame Strände im spanischen Herbst wohin das Auge auch blickt (folgende Doppelseite).

aus der Reichweite, Ecken und Kanten sprangen förmlich den Gliedmaßen entgegen. Gottlob waren wir nicht schlecht gepolstert. Klogänge wurden zu Höhlenexpeditionen und der Abwasch zur Grauwasserdusche. Letztlich haben wir uns auf das Mindeste beschränkt. Sitzend oder im Cockpit liegend, eine(r) am Ausguck. Nur Kindbert schaffte es, geistige Leistungen zu erbringen: Fernsehen und Games am Handy konnte er auf dem Rücken liegend gut aushalten. Vielleicht war er einfach mit Papabert solidarisch. Es ist ja immer blöd, allein krank zu sein. Ein dunkles, ruderndes Objekt entlockte uns allen dann doch einen Stellungswechsel: Eine Schildkröte paddelte mutterseelenallein an der Wasseroberfläche durchs offene Meer. Wo die wohl ihre Eier abgelegt hatte?

Ein Blick aufs Navi zeigte an, dass wir schon zu weit nördlich segelten, und wir wunderten uns, warum die Windsteueranlage keinen Kurs unter 270° schaffte. Dummes Ding, muss ein Dilettant gebaut haben. Also steuerten wir von Hand. Überzeugt, es doch selbst am besten zu können. Doch bald merkten wir, dass ein Kurs unter 270 schlichtweg unmöglich war. Die Wellen, die mittlerweile mehr von Osten – also von hinten – kamen, rollten mit derartigem Druck daher, dass sie ILVA immer weiter nach Norden versetzten. Jede Richtungsänderung Richtung West wurde zur absoluten Herausforderung für unsere Arme und zur Bewährungsprobe für die Ruderanlage. Das war aber auch keine Lösung. Also kroch Papabert nochmals nach hinten und koppelte die Windsteueranlage wieder ein. Fahren wir doch weiß Gott wohin! Bei diesem Befinden war Papabert unfähig zu steuern und Mamabert unverzichtbar für alles andere. Die Abdrift würde uns retten. Sie versetzte uns so bequem nach Süden, dass wir genau unterhalb von Menorca ankamen.

Wir zählten Wellen, Sterne, Stehminuten im Cockpit, noch verbleibende Stunden, Seemeilen vor und zurück. Es gelang uns nicht mehr, einen Witz oder einen Schüttelreim zu erfinden, so geschüttelt waren unsere Gehirne. Wie musste es da erst den Matrosen auf den alten Schonern vor langer Zeit ergangen sein, die nicht drei Tage und zwei Nächte, sondern monatelang geschüttelt wurden? Wussten die noch, wie sie hießen? Drei Tage im selben Gewand, salzverkrustet, unfrisiert, auf unseren Schlafsäcken eng am Boden beisammen sitzend (oder meist liegend) wie Hausbesetzer in den späten Achtzigern. So kamen wir auf den Balearen an – und wollten so schnell wie möglich bei Menorca ankern, in den Hafen einlaufen, stehen bleiben, rasten, ausruhen. Damit diese Schaukelei endlich ein Ende hatte. Das hatten wir uns echt verdient, so fanden wir.

Im Hafen von Mahón meldete sich niemand trotz Dauerfunke und Telefonterror. Zwar war es schon fast sechs Uhr morgens, aber immer noch dunkel. Wir waren ein paar Stunden zu schnell gewesen. Zum ersten Mal. Freud und Leid liegen ja bekanntlich so eng beisammen.

Die Steilküste von Menorca, an der die Gischt hoch aufspritzte, lud auch nicht gerade zum Ankern ein. Mittlerweile hatten wir Schiss vor so engen Schluchten, vor allem mit verschlafenen Augen und diesem vielen Wind. Gerade eben bog ein riesiges Kreuzfahrtschiff in die *cala* bei Mahón. Entweder war das Ding wirklich so groß und die *cala* so eng, oder wir hatten schon Halluzinationen. Jedenfalls wollten wir gern verzichten, bei Dunkelheit in diese *cala* einzufahren. Aber zwei weitere Stunden vor Menorca auf und ab kreuzen, bis es hell wird und ein Marinero erwacht? Nein, dafür war unsere Windfahne zu gut eingestellt. Ausklinken, den Kurs ändern, die Segelstellung ändern? Keine Motivation! Schnell wurde klar, dass wir dann lieber noch gleich 50 Seemeilen anhängen wollten, um bis Mallorca zu kommen. Denn dorthin hatten wir ja eigentlich gewollt, und außerdem kam doch übermorgen Nina in Palma an.

Voller Stolz über die gefahrenen Seemeilen und reichlich seekrank zog Papabert die spanische Gastlandflagge auf die Saling. In der Abdeckung von Menorca hätte es uns gefallen. Die Wellen aus Norden waren weg. Der Wind blieb. Ein Gefühl wie auf einer Wasserlache. Aber lange sollte das Spiel nicht gehen. Bald war Menorca zu Ende, und wir waren wieder auf der offenen See – ohne Abdeckung. Wiederum hatten wir mit den Wellen zu kämpfen, die sich schnell hoch aufbauten. Diesmal von achtern. Das brachte ILVA noch mehr zum Rollen, auch nicht gerade besser nach drei Tagen Galopp.

Die Seekrankheit wurde bei Papabert nun überschattet von Migräneanfällen. Er fühlte sich krankenhausreif, um es durch die Blume auszudrücken. Auch den Wind hatten wir jetzt im Genick, stärker als in den letzten drei Tagen zuvor. Es folgten nochmals rasante Ritte durch Wellen und Täler, Berge, Berge, Berge, hoch wie nie zuvor. Noch mal acht Stunden Geschaukel. Dazu noch Schiffsverkehr, große Frachter und kleine wendige Ausflugsschiffe mit einer Menge kotzender Urlauber auf den Dächern. Da macht man gern Platz. Doch dann, endlich: Die Einfahrt in die *cala* von Porto Cristo kam in Sicht, das war eine Erleichterung. Zwar sah es zunächst noch so aus, als müssten wir am Badestrand anlegen. Das klärte sich jedoch schnell nach der schnittigen Wende um die Hafenmauer. Etwas untypisch legten wir dann an. Es war supereng da drinnen. Deswegen auch der elegante Einkehrschwung. Mit Pirouette rein in die Garage! Mamabert blieb fast die Spucke weg bei Papaberts toller Kapitänsperformance trotz See- und Schädelweh.

Mallorca, wir lieben dich

Sa Dragonera, der schlafende Drache.

Der Marinero von Porto Cristo sah uns unsere Erschöpfung an. Nachdem wir die Muringleinen am Achterdeck durchgesetzt und die Fender nochmals kontrolliert hatten, standen wir an Deck wie angenagelt. Die Sonne stand hoch und brannte auf der Haut. Unsere Gehirne schienen den plötzlichen Stillstand nicht vertragen zu haben. Wir schauten den Marinero an, er sah uns an.

„¿*Qué quieres?*", fragte er. „*Aseos? Duchas?*" Mit einem Finger zeigte er uns der Reihe nach alles, was wir brauchten. Oben auf dem Dach des Marinagebäudes sei noch ein großer Pool.

Morgen dann. „*Ah, gracias!*"

Er fragte nochmals, ob er noch irgendwas für uns tun könne. Wir verneinten und krochen in die Kojen. Für zwei Stunden oder 20 Tage, wen kümmerte das noch?

Nina, unsere Freundin aus Wien, war per Flugzeug angekommen. Im Gepäck hatte sie eine Menge Arbeit für Papabert: den lange schon ersehnten Pinnenpiloten für die Windfahnensteuerung, Teile für den Auspuff, eine Lichtmaschine, einen Reserve-Ruderquadranten und Kleinkram für die Werkzeugkiste. Aber auch Verpflegung, Medikamente und ein paar Überraschungsgeschenke hatte sie dabei. Für ihre eigenen Sachen war kaum noch Platz geblieben. Euphorisch war die Stimmung, das kann man sagen. Beim Anblick von Omas Wurst war die eine oder andere Heißhungerattacke nicht mehr zurückzuhalten. Marillen-Marmelade und Honig aus Niederösterreich! Erinnerungen an die gute alte Baustellen-Kost wurden wach. Schön, so zu reisen! Schön, so beschenkt zu werden! Schön, auf einer so kleinen Insel mit Freunden unterwegs zu sein! Aber so ein Lotterleben musste auch eine Schattenseite haben: Die Reparaturen standen auf dem Programm. ILVA, die gute alte, wollte Aufmerksamkeit und bekam als Geschenk für die vielen zurückgelegten Seemeilen eine brandneue Auspuffanlage sowie eine neue Lichtmaschine inklusive passendem Keilriemen. Auch ein Ölwechsel stand schon länger auf der To-do-Liste und war schlussendlich schnell erledigt. Bis auf den Ölfilter, der nicht gleich ab wollte und Papabert noch eine Stunde quälte. Entsorgung? In Spanien kein Problem. Man brauchte nur zu wissen, dass Öl *„aceite"* auf Spanisch heißt, dann wurde man gleich zum Altölcontainer durchgewunken. ¡Gracias!

Während Papabert einer seiner vielen Rollen auf der ILVA, nämlich der des Bordmechanikers, mehr als gerecht wurde, streunten Mamabert, Kindbert und Nina mit dem Mietauto auf der Insel herum. Bei Cap Formentor fanden sie schöne Buchten, typisch mallorquinische Wälder und Wiesen, traumhaft! Es war fein, Tourist und Touristenführer zugleich zu sein. Eine Belohnung für die schweißtreibende Arbeit erhielten Papabert und Kindbert tags darauf im Music-Shop Musicasa in Palma. Es fehlte ja noch eine Band an Bord. Eindeutig! Eine Akustikgitarre gehört schließlich auf jedes Schiff. Und eine Trommel auch. Es sollte ja auch ein musikalischer Urlaub auf See sein!

Nachdem alle Mitbringsel ordnungsgemäß montiert waren, eine neue Lichtmaschine die Batterien füllte und neues Öl in ILVAs Adern floss, segelten wir so angenehm wie möglich weiter Richtung Südwesten. Nina war aber noch keine Seebärin so wie wir mittlerweile. Sie war erst einmal Gast an Bord von ILVA gewesen. In Monfalcone. Noch vor unserer Abreise.

Draußen standen die Wellen immer noch hoch. Die Unwetter im Golf von Lyon legten sich nicht. Immer noch hob und senkte sich die See an den Steilküsten, befüllte die ausgewaschenen Nischen und leerte sie. So wollten wir auch Ninas Magen schonen und möglichst „weich fahren wie auf rohen Eiern". Für sie taten wir einfach mal so, als ob wir das könnten. Portocolom, Cabrera, El Arenal. Das waren die angestrebten Ziele, bescheiden und doch ereignisreich, wie wir noch sehen sollten.

„Einige Zeit vor Anker zu verbringen, das wäre schön", sagte uns Nina.

Gesagt, getan. Auf, in eine *cala* zum Ankern!

Die *calas*: Das sind tiefe Felseinschnitte, die von Flüssen in früherer Zeit ausgewaschen wurden. Manche sind Hunderte Meter lang und ziemlich eng. Solange kein Schwell direkt in die Enge gespült wurde, konnte man da drinnen ruhig liegen. Die umliegende Steilküste hielt jeden Wind ab. Die *cala* Virgine versprach per Handy-Bilder türkisblaues Wasser, verzweigte Buchten und Ankerspaß für Jung und Alt. Eng würde es werden, das war klar. Auch zeitlich mussten wir uns beeilen. In der Hauptsaison wollten alle da rein. Und es kam wie vorausgesagt: Die *cala* war bevölkert wie eine Sardinenbüchse. Yacht an Yacht reihte sich. Der geübte (und auch mutige) Segler erkämpfte sich ein wenig Platz ganz nah an den Felsen bis nach hinten zum Strand, wo der Meeresboden steil aufsteigt. Der weniger Mutige ankerte weiter vorn, wo der Schwell noch zu spüren war. Wir hatten das Glück, in der Mitte zu liegen. Also waren wir halb mutig, halb geübt. Auch ein Katamaran zwängte sich knapp an uns vorbei. Hinter unserem Heck drehte er forsch um 180° und ließ den Anker fallen. Fühlten wir uns angespannt? Ja, ein bisschen. Seine Bugrolle kam uns immer wieder drohend nahe. Wir behielten ihn im Auge – nach Art von Captain Jack Sparrow.

Aber noch bevor sich die Lage entspannte, hatten wir mit einem anderen Problem zu kämpfen. Der Wind drehte jetzt genau auf Südost und drückte enormen Schwell in die *cala*. Binnen 15 Minuten baute sich eine steile Welle nach der anderen auf und brachte ILVA in wilde Schaukelbewegungen. Der Katamaran hatte es da leicht. Obwohl die Crew sofort zur Abfahrt klarmachte. Das löste zwar das Platzproblem, nicht aber das Schaukelproblem.

Die Situation war bald nicht mehr zum Aushalten. ILVA rollte mit enormen Schräglagen hin und her. Zuvor war Papabert mit Kindbert noch zum Strand geschnorchelt. Vom Strand aus sah das Geschaukel gar nicht so wild aus. Aber an Bord wusste jeder: Wir mussten hier weg, sofort. Noch während wir uns mit abstrusen Verrenkungen aus dem Neoprenanzug schälten, startete Mamabert schon die Maschine. Schade, dieser Ort wär' so schön gewesen. Mit etwas Wehmut segelten wir in die nächste Bucht: Portocolom. Da sollten wir wieder an Land gehen, Fußballspielen und Tapas essen. Es war höchste Zeit aufzubrechen. Anker auf! Volle Kraft voraus!

Cabrera – Himmel oder Hölle – oder beides

Eine Luftmatratze ist immer gut.

Wenige Tage später lockte uns ein Inselparadies im Südosten von Mallorca: Cabrera, die Ziegen- und Gefängnisinsel. Natur und nichts als Natur! Berge, Felsen, Höhlen, Einsamkeit! Nach all den urbanen Verlockungen in Portocolom und Sangría aus dem Kübel war das die gelungene Abwechslung.

Schon nach zwei Stunden wunderbarem Halbwindsegeln steuerten wir in eine fast rundum geschlossene Bucht mit einem weit verzweigten Bojenfeld. Das Wasser war wie in einem frisch geputzten Aquarium, azurblau, glasklar. Fische so zahlreich wie in der Fischzuchtanlage, Brassen, Barben, Drückerfische, Pfeilhechte und mehrere Stachelrochen tummelten sich ums Boot. Nicht nur für Kindbert war das ein Traum. Nur eine kleine Hafenanlage und ein Café waren an Land zu sehen. Ein Juchazer. Wir sprangen ins Aquarium. Eine bergige, von flachen windzerzausten Büschen überzogene Insel schützte uns vor Wind und Wellen. Hier hatten bis vor wenigen Jahren noch Zigtausende Ziegen gegrast und die Pflanzenwelt zerstört, die sich aber nach und nach wieder erholen dürfte.

Ein Kastello thront hoch über der Einfahrt. Die Bucht erzählt von Piraten, Fregatten und von Kriegen. Zwischen 1809 und 1814 sollen hier 5000 französische Kriegsgefangene verhungert sein. Das gibt dem Ort bis heute eine besonders mystische Note. Kindbert wollte sofort einen Totenschädel suchen gehen. Gefunden haben wir gottlob nur eine Falle für eine Ginsterkatze mit stinkigen Tintenfischen drin. Das tat's an Spannung auch. Wir hatten uns vorab ein Buch besorgt über die ungeheuren Gräuel auf Cabrera während der Napoleonischen Kriege. Immer wieder erzählte uns Mamabert, die gerade das Buch las, über die armen französischen Soldaten: in Cádiz auf schwimmende Plattformen weit draußen auf dem Meer zusammengepfercht, nach Mallorca gebracht und schließlich auf Cabrera ausgesetzt. Niemand fühlte sich zuständig. Für die Franzosen waren gefangene Soldaten tote Soldaten, für die Engländer und Spanier waren sie Kriegsgefangene, die um jeden Preis festgehalten werden mussten – möglichst weit weg. Denn jeder fürchtete sich damals vor den Krankheiten, die ganze Landstriche entvölkerten. Deswegen ließ man die französischen Gefangenen nicht an Land gehen. Irgendwann landeten die armen Kerle hier. So blieben sie ihrem Schicksal ausgesetzt ohne Fürsprecher, ohne Wasserversorgung, ohne medizinische Hilfe, ohne Essen, ohne Bäume, ohne nichts.

Wenn man sich vorstellt, dass hier auf dieser kleinen Insel 12 000 Menschen jahrelang zwischen Steinen und Felsen gelebt haben bei Sturm, Hitze und Trockenheit, kann man es gar nicht fassen. Wir hatten nicht gedacht, trotz all der schlimmen Geschichten solche paradiesischen Zustände vorzufinden. Die großen Fischschwärme unter ILVAs Kiel waren so neugierig und selbstsicher, dass sie nicht mal Papabert auswichen. Ein Drückerfisch wollte anscheinend nicht, dass die Windfahne ohne sein Zutun repariert wurde. Beim Abnehmen des Pendulum-Ruders ließ er sich fast streicheln. Ein riesiger Oktopus wurde gesehen. Mehrere (oh ja!) Stachelrochen glitten wie ferngesteuert an der Oberfläche durchs Wasser, fast überfuhren wir einen mit dem Dinghi. Immer wieder sprangen wir spontan von Bord, weil ein ambitionierter Wachposten zur Fischsafari aufrief. Kindbert und Papabert wollten auch einen Barrakuda (oder zumindest einen ihm sicher ebenbürtigen Raubfisch) gesehen haben. Fein, eine intakte Natur in Riesenbadewannenform unter sich zu haben, fast gratis.

Apropos Geld: Die Bojen waren nur per Internet zu buchen. Man musste sie wie ein Kinoticket anklicken und per Kreditkarte bezahlen. Der Hafenmeister des Bojenfelds hatte weder Bargeld noch Kassa und für Ausnahmen ziemlich wenig Toleranz übrig. Sarkastisch mahnte er uns beim Ankommen, die Bedingungen für das Besuchen von Naturschutzreservaten doch zu lesen, ehe wir in eine sensible Naturschutzzone einlaufen. Wir nickten unterwürfig und versprachen, ab jetzt immer vorher zu fragen. Er war dann aber auch so freundlich, uns seinen PC inklusive Bürostuhl zu borgen, damit wir nachträglich unsere Boje buchen konnten. ¡Muchas gracias! Unser Glück war, dass mittlerweile Anfang September war, der Andrang an Yachten sich in Grenzen hielt und wir nun maximal sieben Tage statt zweien bleiben durften.

Das bescherte uns einen einwöchigen Aufenthalt im Natur-

Die Bucht von Cabrera, der „Ziegeninsel".

paradies. So ganz auf Selbstversorger haben wir auch immer unser Frühstücksbrot „geangelt". Das gab's im Hafencafé (in dem man auch gemütlich und gesittet einen Sangría oder leckere Tapas schmausen konnte) gegen Vorbuchung am Vorabend. Holen musste man alles um sechs Uhr früh. Denn sonst war es weg, von anderen Yachties weggeschnappt. Das wenige Spritzwasser wurde bei der fünfminütigen Fahrt durch die Seglerjacke abgehalten. So war es fast nicht feucht und auch noch ein bisserl warm, gesetzt den Fall, man schaffte den Übergang vom Dinghi zur Heckleiter ohne Probleme. Wir freuten uns riesig, an so einem schönen Ort sein zu können und frisches Brot zu haben. Wir stiegen hinauf zum Kastello, über die Berge zum Leuchtturm, gingen entlang der runden Bucht zum Café und kehrten zurück zum Boot per Dinghi und unterrichteten Kindbert in der Geschichte der Napoleonischen Kriege. Nicht mal Regen konnte unsere Stimmung trüben, so „Natur" waren wir mittlerweile. Unser Tipp an alle: Vergesst die Südsee! Auf nach Cabrera! Aber vorher nicht die Internetbuchung vergessen!

Die Woche verging wie im Flug, und Nina musste bald zurück in ihre Welt. Das Wetter ließ zu wünschen übrig. Der Luftdruck fiel in Richtung „veränderlich", ein Gewitter nahte, und dicke Regenwolken zogen am Horizont auf. Kübelartiges Schütten unter Starkwindbedingungen war zu erwarten, aber noch war alles still. Und so zog es uns hinaus aufs Meer, nach Mallorca, an den Ballermann. Wo wir, wenn nötig, in der nahen Marina Schutz suchen konnten und der Transfer zum Flughafen einfach zu sein schien. Was konnte an der Freiheit schöner sein, als von einem Extrem zum anderen zu torkeln?

So glitt ILVA mit Vollzeug in Richtung der nahen mallorquinischen Küste und erreichte zum Glück, während schon der Regen auf uns niederprasselte, die Abdeckung der Steilküste. Hier schien der Wind zu drehen. Er fiel nun etwas vorlicher ein, während die Wellen immer noch von achtern anschoben. ILVA erreichte jetzt über acht Knoten Fahrt, ohne Schräglage. Auch sie wusste anscheinend, dass Nina von hohen Wellen und Wasser an Deck nicht begeistert war. Für eine Stunde war das Segeln wie eine Fahrt auf Schienen. Was für ein Rausch! Doch ob der Geschwindigkeit währte das Seglerglück nicht lange. Schon kamen die Bojen von El Arenal ins Blickfeld. Segel einholen, Motor an, willkommen in der Welt des Künstlichen! Na ja, auch nicht schlecht, aber schöner fanden wir es im Robinson-Crusoe-Style.

Bei vier Metern Tiefe ließen wir den Anker fallen, nicht weit entfernt vom Strand, gleich neben der großen Marina. Kaum Leute hier, kaum Schwell. Dieser Ankerplatz war einer der besten auf der ganzen Reise. Vermutlich hatte der Wind einen großen Anteil daran, denn er wehte fast immer konstant ablandig. So hielt er ILVA permanent davon ab, sich in den Schwell der anlaufenden Wellen einzuschaukeln. Der Ort war perfekt für uns. Mit Minibar, Sandstrand und einer riesigen Hafenmauer zum Klettern für Kindbert ausgestattet, lud er uns zum Flanieren zwischen den Schönen, Reichen und Trunkenbolden ein. Auch Nina fand diese wenig exquisite Mischung gar nicht schlecht. Während wir noch das restliche Gepäck von der ILVA holten, bandelte sie schon mit einem Holländer an der Minibar an. Gehörte sich das für mitsegelnde junge Matrosinnen?

Sie meinte: *„Ja, natuurlijk!"*

Ein Hoch auf die Pityusen!

Am 20. September 2013 erreichten wir die Pityusen. Wer oder was sind denn die Pityusen? Eine neue Biermarke? Pechsträhnen am laufenden Band? Sandalen mit neuem Aufdruck oder vielleicht verbrauchte Moskito-Räucherstäbchen? Sessel aus Meerschaum? Aufgedunsene Bleichgesichter, verbraucht wie alte Maulesel? Nein, alles nicht. Die Pityusen sind Inselchen der Balearen mit wohlklingendem Namen: PITYUSEN – der Name kommt übrigens vom griechischen Begriff Nissoi pityussai. Die Griechen nannten die Inseln so wegen der damals reichen Pinienwälder. Von denen ist jetzt leider nichts mehr zu sehen. Schön sind die Inseln jedenfalls trotzdem, und wir waren dort. Auf dem Weg von Ibiza nach Alicante auf dem spanischen Kontinent segelten wir direkt an ihnen vorbei. Das war erstaunlich einfach. Schönstes Schönwettersegeln zwischen vielen kleinen und größeren Riffen und Felsen! Auf der Inselgruppe hatte der Otto-Normaltourismus Einzug gehalten. Lange schon, gleich nach den Gras rauchenden Hippies.

Auf einem Segelschiff ließ es sich auch hier hoch leben. Ähnlich wie in Cabrara war die Natur hier pur, und sonst gab es nichts. Bei Espalmador lagen wir vor Anker und freuten uns über die unerklärliche Leichtigkeit des Seins. Die Bucht war durch überspülte Riffe komplett umschlossen von drei Seiten, das Wasser in ihrer Mitte so glatt wie auf dem Erlaufsee, ein Haucherl von Wind wehte angenehm frisch und trocknete den Schweiß. Dazu hatten wir noch amüsantes Entertainment durch das Kommen und Gehen der Yachten. Lustig anzusehen, wie Charterboote sich um die freien Muringbojen tummelten. Manche Leute

Kindbert in seinem Element.

köpfelten von den Booten in die See, gleich nachdem sie eine Schnur durch die Muringboje gezogen hatten. Manche vergaßen scheinbar auch darauf, so schnell ging das bei denen. Bei anderen *boatpeople* begann das Boot gleich wild zu schaukeln, nachdem sie angelegt hatten – hmmm, warum bloß so stark, ganz ohne Schwell? Manche Menschen sahen so aus, als seien sie schon Jahre hier, verschollen in den Pityusen, in Espalmador. Der Ort war irgendwie paradox: abgeschieden von der Umwelt und trotzdem nahe an den Ballermann-Metropolen des Mittelmeers.

Bevor man hier ankam, musste man trotz der besungenen Einfachheit auch etwas Ausdauer beweisen. Fast mussten wir kämpfen, uns beinahe mit Händen und Füßen gegen den enormen Schiffsverkehr zur Wehr setzen. Kleinere und größere Fähren, Kriegsmarineschiffe, Fünfmaster, Aquatour-Bummelschiffe, Motorboote, Segelboote, Touristendampfer, uralte Segelschiffe mit Dschunkenriggs im Stil alter Piratenschiffe wechselten sich ab und durchquerten nacheinander oder alle zugleich die engen Durchfahrten durch die Untiefen. Oben drüber flogen im Zwei-Minuten-Takt Passagierflugzeuge in Richtung Urlaubsspaß oder Arbeitswelt. Man glaubte, in einer Metropole wie Paris oder Berlin angekommen zu sein. Dabei sah man hier kaum ein Haus. Nur Leuchttürme und die Leuchtturmwärterhäuser. Die Belohnung für die Bewältigung dieser stressigen Anfahrt war dementsprechend: eine unwirkliche Traumwelt. Und wir mittendrin.

Auf der einen Seite, nach Osten gerichtet, war die Bucht von einem Postkartenstrand begrenzt. Auf den anderen zwei Seiten, südlich und südwestlich, verliefen Rifffelsen bis knapp über die Wasseroberfläche. Nur ein kleiner Spalt in Richtung See war offen. Nachts in die Bucht einzulaufen wäre vielleicht keine so gute Idee. Weiter vorn, wo die Insel sich selbst um die Ecke bog und nur noch ein schmaler Landstreifen übrig blieb, liefen die Seen aufeinander auf. Da verkrallten sich die Wellenkämme ineinander, schlugen sich gegenseitig tot oder begruben eine unter der anderen mit einem „schlupp". Das war nett anzusehen und auch anzuhören. Vor allem wenn man so ruhig ankerte wie wir. Die Möwen kümmerte das alles nicht. Sie lebten von Mahlzeit zu Mahlzeit. Und die waren üppig. Muscheln, Quallen und Krabben schienen sich an den Strand legen zu wollen, um gleich von den Möwen zerlegt zu werden. Manchmal liefen diese eifrig an der Gischt entlang. Nicht jede Möwe hatte etwas Lebendiges im Schnabel. Aber alle waren sie aufgeregt. Kein Wunder – fast 20 Zentimeter hoch sprangen die Fische in Schwärmen aus dem Wasser und versuchten, sich in den Tod zu stürzen. Die Farbe des Sands wechselte immer wieder von Gelb auf Rosa. Das entspannte unsere Augen und regte uns zu Fragen über den Grund dieser Farbgebung an. Hoffentlich lag das nicht an Umweltsünden! Am Strand liefen neben den Möwen auch nackte Menschen auf und ab. Manche ließen sich sonnen. Andere schraubten nackt an ihren Dinghis herum oder feierten sich selbst mit erhobenen Händen und Affengeschrei (tja, Ibiza ist ja nicht weit weg). Kindbert war sichtlich mehr an den Möwen interessiert. Diese viele Nacktheit wusste er gekonnt zu ignorieren. Kleine Motorboote kamen am späten Abend in die Bucht und gesellten sich mit lautem „HOOOLLLAAA" an andere kleine Motorboote – Festtagsstimmung in kleinster Atmosphäre. Die Menschen hatten hier Freude am Beisammensein, in wilder Natur im Spätsommer.

Außerhalb des Ankerfelds, dort wo die Insel eine weitere größere Einbuchtung hatte, lagen Schiffe, halb Privatyacht, halb Kreuzfahrtschiff. Einige waren dermaßen beleuchtet, dass es aussah, als bräuchten die schon allein dafür ein eigenes Bordkraftwerk.

Überraschenderweise war es bereits zu nordeuropäisch-christlicher Zeit total still auf unserem Ankerplatz. Zum Glück. Fast beschaulich und langsam gestaltete sich hier die Welt, sobald die *partypeople* ihre Tageswasserkutschen gegen die Nachtvergnügungsräume an Land getauscht hatten.

Einmal wurden wir auf ganz besondere Art von einer Yacht neben uns unterhalten. Ein schnelles Motorboot zog eine Schneise in das seichte Wasser. Es wendete mit einem Mordszahn hinter einer Boje. Da musste etwas schnell gehen, anscheinend hatten sie Wichtigeres zu tun, als sich um ihr Schiff zu sorgen. Sie nahmen die Boje direkt neben uns und zogen ein Tau um eine Klampe. Der Wille zur Entspannung stand ihnen ins Gesicht geschrieben. Der Captain ging zum Steuerstand aufs Dach. Anscheinend wollte er den Motor abstellen. Während er auf dem Dach herumging, musste er sich durch einen ganzen Berg leerer Flaschen kämpfen. Es klimperte wie in einer Altglassammelstelle, die dieser Steuerstand auch definitiv war. Wahrscheinlich hatte der Captain am Vorabend vergessen, das Altglas zu entsorgen. Jedenfalls dauerte es nicht lange, bis auch dieses Schiff wild zu schaukeln begann. Vielleicht hat Espalmador ja einen ganz besonderen Ruf?

Yachttraum, Seifenschaum

„Nimm mich jetzt, auch wenn ich stinke, denn sonst sag' ich winke, winke und *goodbye*" war ja ein unvergesslicher Ohrwurm aus den geistigen Höhen der deutschsprachigen Pop-Kultur. Dieser Satz drängte sich mitunter über geheime Ganglien an den Wachposten des Unbewussten vorbei, ins unbestreitbare Zentrum der Aufmerksamkeit. Wir kamen nicht umhin festzustellen, dass irgendwann unsere Schiffstoilette dermaßen zu stinken begann, dass einem oben genannter Satz von der Gruppe „Die Doofen" einfach einfallen musste. Benutzten wir sie zu oft, zu wenig oder schlichtweg falsch? Machten andere *boatpeople* das vielleicht anders? Wenn ja, wie? Klar war jedenfalls, dass hier keine Menschen irgendwelche Körperteile über die Reling hängen ließen. Das war nur in Kroatien *en vogue*.

„What the hell is Sumpfgas?", war die Frage, als Papabert von gleichnamigen Gasen auf unserem Boot sprach.

„Kann es explodieren?", fragte Kindbert.

Aha, er ortete ein langersehntes Abenteuer. Hm, es war ja für die meisten kein Geheimnis: Es stank mitunter doch am Klo. Schien normal zu sein, war es ja der Ort geheiligter Entleerung und Entgiftung des Körpers, des Abschieds von allem Schlechten, *the point of no return*. Zum Glück hatte unsere Toilette einen geruchsdichten Vakuumdeckel, der bei Nichtbenützung zugeklappt wurde. Wenn aber jemand wagte, den Deckel zu heben, dann nur mit einer Wäscheklammer auf der Nase. Und nicht, ohne die anderen vorher zu warnen!

In keinem unserer klugen Bücher zur Technik an Bord stand etwas darüber. Auch in den Foren des elektronischen (und ge-

Espalmador: Auch flache Hindernisse brauchen einen ansehnlichen Leuchtturm.

ruchsfreien) Äthers blieb der Erkenntnisgewinn gering. Der Gestank gehörte anscheinend zum guten seglerischen Ton. War einfach nicht der Rede wert, nicht einmal bei gutbetuchten Yachties. Aber ein Klo hat heutzutage ja jedes Schiff, oder?
„Schütt Reiniger rein wie zu Hause!", konnte nur eine gut gemeinte Idee sein.

Mehr nicht. Denn „Reiniger rein", so wie im normalen Leben, hieß auf dem Schiff ja auch „Reiniger raus" – ins Hafenbecken nämlich, in die kristallfarben-türkise Bucht, an den Strand, wo die Kindlein badeten oder vielleicht auch direkt in die Atmungsorgane unserer geliebten Fischfreunde. Sollen wir lieber vor oder nach den Delfinen Klo putzen, Schatzi? Und ja: Es gab sie, die umweltfreundlichen Reiniger, die ökologisch abbaubaren. Aber nicht in den Marinas. Klar, übers Internet zu beziehen – aber wir ohne Lieferadresse, weil auf Fahrt! Bitte an ILVA senden, auf offener See, Längengrad, Breitengrad, Uhrzeit. Bitte so schnell wie möglich, Gestank unerträglich!

Wie machten es denn die anderen Yachties? Hatten die sich davon gelöst, Exkremente auszuscheiden, so wie die Menschen, die sich von Licht ernähren? Sozusagen, wegmeditiert? Waren wir auf einer unzureichenden Stufe geistiger und körperlicher Erkenntnis stecken geblieben? Man weiß es nicht.

Von den anderen Seglern war zu diesem Thema nicht viel zu hören. Niemand brauchte mal Kloreiniger, weil er ausgegangen war. Wenngleich so manche Wasserverfärbung samt Schaumkrönchen neben den Rümpfen mit der Strömung dahinziehend den Verdacht aufkommen ließ, dass auch andere noch auf der niedrigen Stufe der täglichen Entleerung dahinvegetierten. Das war aber nur bedingt eine Beruhigung. Sicher, da gab es noch Fäkalientanks. Auch wir hatten einen. Fassungsvermögen 60 Liter. Wann war der voll? In einer Stunde oder nach einem halben Tag? Was, wenn kein Hafen mit Grauwasser-Absaugmöglichkeit in der Nähe vorhanden war? Nicht anlegen? Zu einem „Kacktransporter" werden? Es im großen Stil einfach ins Meer entleeren? Egal von welcher Seite man es betrachtete, es taten sich schreckliche Abgründe auf.

Wir überlegten uns zwei mehr oder weniger sinnvolle Lösungsvorschläge, wie denn die Sache mit dem Mist an Bord geklärt werden könnte. Denn der Gestank musste ein Ende haben. Lösungsvorschlag eins: Nur noch kurze Tagesetappen, dazwischen immer in Häfen anlegen und dann ab ins Marina-Klo beim Landgang. Erscheint gut. Praktiziert sich wenig erfolgreich. Die Klos sind oft in einem Zustand, der nicht zur Entleerung (die, wie gesagt, heilig ist!) einlädt. Oder sie sind meilenweit entfernt, versperrt, ohne Papier, ohne Wasser oder ohne alles. Also wurde dieser Vorschlag wieder verworfen. Lösungsvorschlag zwei: Abschauen von den andern. Wie machen es die Großen, Reichen und Schönen? Hier sei ein selbst gesehenes Exempel beschrieben: Eine Yacht im Hafen von Alicante konnte wegen ihrer Größe nicht in eine Pontonbox. Sie lag nun schon einige Tage am Waiting-Kai, so lang wie ein Gemeindebau, auch genauso hoch. Die Crew war mehrere Mann, beziehungsweise Frauen stark. Wie verabschiedeten sich nun Reich und Schön vom körperlich Unbrauchbaren? Keine Ahnung. Wenn sie es aber genauso machten, wie sie ihr Boot pflegten, dann erfolgte dies mit mehr Wasser und mehr Spülmittel, als die Umweltpolizei (und jegliches moralische Gewissen) erlauben konnte. Das sah aus wie die Prieler Niagarafälle oder der Disco-Boden bei einer Schaumparty auf Ibiza. Das schaumige Zeug verteilte sich im gesamten Hafenbecken und schien ein paar Hundert Meter weiter im Meer zu versinken. Täglich wurde stundenlang das Deck mit Wasser besprizt, das Freibord großzügig gewässert und mit Schaum ordentlich gereinigt, der dann in hohen Bergen ins Meer lief. Dazwischen wurde auch noch der Rumpf lackiert, hie und da mal ein bisschen was nachgebessert, geschliffen, geölt. Ohne Unterlage – wie denn auch? Manchmal blieb der Wasserschlauch einfach auf Volllast irgendwo liegen, ohne geschlossen zu werden. Da müssen Tausende Liter Trinkwasser pro Stunde rausgelaufen sein.

Wir wässerten ILVA alle paar Wochen von vorn bis hinten durch. Das Teakdeck mit Salzwasser, also umweltfreundlich. Nur die Luken mussten wir anschließend putzen, wenn das Salz auf den Scheiben getrocknet war. Dazu reinigten wir den Cockpitboden unter den Grätings, wenn der Staub, die Haare, der Sand und alles, was sonst nicht mehr an unseren Körpern haftete, zu Boden fallen wollten. Mit dem Salz verbunden klebte alles binnen weniger Wochen fest – so schnell und so wassersparend wie möglich, mit wenig Druck und weicher Brüste war die Putzerei aber rasch erledigt, auch ohne Reinigungsmittel.

Die größte Yacht am *Waiting*-Kai besaß eine riesige Klappe am Heck, die den Blick auf unzählige Reinigerflaschen und sonstige Cleaning-Utensilien freigab. Dahinter war eine Schiffswerkstatt mit Werkbank zu erkennen. Alles hatten die dabei, was das Yachtherz so braucht. Vom Fensterreiniger über Scotchbrite in allen möglichen Farben und Größen, Reiniger für das Teak, für das übrige Holz, für Kunststoffe, den Gelcoat und die Polsterungen. Lacke in jeder Farbe, Verdünnungen, Lösungsmittel. Aha, dachte sich Mamabert, da wird wohl auch ein effizienter Kloreiniger dabei sein. Ob wir den wohl leihen dürften? Wen fragte man da von den vielen Menschen, die da oben herumstanden? Waren die auch noch auf einer niedrigen Stufe in der Fäkalerleuchtung? Nö, die sahen nicht so aus. Vor allem nicht die mit dem großen Union Jack an der Flaggenstange.

Aktiv in Alicante – sportlich modern mit heißem Blick

Papabert plagte schon seit einigen Tagen ein böses Sodbrennen, ein verstimmter Magen, nicht wegzukriegen. Fettes Essen war damit tabu, Wein eigentlich auch wegen der Säure, Bier eigentlich auch wegen der schönen Blubberblasen. Was blieb übrig? Etwas Obst und gekochte Erdäpfel, Reis, ungesalzenes Gemüse. Das Einhalten einer solchen Diät wurde aber durch einen akuten Aktivitätsüberschuss beim Essengehen ziemlich schwierig, fast müsste man sagen: unmöglich gemacht. Es waren nämlich Kindberts Großeltern aus dem weit entfernten Niederösterreich zugegen. Da lebte man ja nicht den gesamten Urlaub lang von Pesto-Spaghetti oder Dosenbohnen, serviert auf Plastiktellern, zusammengepfercht unter Deck. Da konnte man mit guten Gründen den lokalen kulinarischen Köstlichkeiten frönen und ein bisschen auf den Putz hauen (solange man ein Magengel dabei hatte, das hier in der Apotheke unglaublich billig war).

Von den Köstlichkeiten gab es in Alicante nämlich eine ganze Menge. Solange man es verstand, den Keilern der englisch dominierten Restaurants zu entkommen, ging das ganz gut. Manchmal wurden abstruse Dinge zum Essen angeboten. Da schwamm schon mal ein Corned Beef im Öl. Aber man musste die Lokalsuche nur rechtzeitig beginnen und ein bisschen Ausdauer haben, dann war eine ausgezeichnete Kulinarik garantiert. Vor allem, wenn die Großeltern mit einer Einladung nach der anderen winken. Vielen Dank nochmals dafür! Aber wir möchten nicht abschweifen. Das eigene Wohl wird ja in Seglerkreisen gern zurückgestellt. Segeln als Lebenseinstellung gilt als Beschränkung auf das Wesentliche. Wenn nicht gar auf

Alicante und seine vielfältigen Hotels dirckt am Strand.

das Mindeste. Was machte es da schon aus, wenn Papabert eine kleine Magenverstimmung plagte? Wir lebten vom Verzicht und Durchhaltevermögen, auch in Krisenzeiten.

Und tatsächlich gab's auch viele andere bleibende Eindrücke zu sammeln. Wie bei jedem Besuch wurde auch diesmal unsere Pütz stark beansprucht. Denn wer wird schon bei Seegang über die Reling kotzen? Richtig. Niemand. In Seglerkreisen werden solche Informationen ja gehütet wie Staatsgeheimnisse. Vielleicht war die ganze Geschichte mit den Magen- und Kotzproblemen ein Zeichen der Stressbewältigung. Denn stressig war so ein Segeltag allemal. Aber nicht wegen des Segelns. Das lief mittlerweile ja in gewohnter Routine, und mit unserem Schiff, das tipptopp in Schuss war, waren in technischer Hinsicht keine Probleme zu erwarten. Der Stress brach aus einem anderen Grund aus. Bei der kleinen Ausflugsinsel Tabarca, ungefähr 15 Seemeilen südlich der Küste von Alicante, war nämlich für einige Stunden kein Heimkommen möglich. Der Anker hatte sich in einer Felsspalte verfangen und war trotz aller Versuche nicht mehr raufzuwinden. Die Crew dachte schon an ein Verbleiben auf dem Boot in der ungeschützten Bucht bei aufkommendem Schlechtwetter. Böses Dudu! Das passte uns eine Stunde vor Sonnenuntergang gar nicht. Und noch weniger, weil jede einzelne Taucherbrille, die wir besaßen, genau dieses einzige Mal während der ganzen Reise nicht mit an Bord war. Der Zufall wollte es einfach so. Die Taucherbrillen waren im Mietauto. Wir hatten vergessen, sie mitzunehmen. Sie steckten in der Strandtasche, gemeinsam mit den Flossen. So dringend hatten wir noch nie eine Taucherbrille gebraucht. Und noch nie hing alles Glück unserer Reise von einem Glas auf der Nase ab. Die Geschäfte im Ort der kleinen Insel hatten schon geschlossen. Die letzte Touristenfähre war vor einer Stunde Richtung Festland aufgebrochen. Kein Grund also, einen Laden offen zu halten.

Gewiss war nur, dass der Anker partout nicht loslassen wollte und sich trotz aller Versuche, ihn zu lösen, immer noch hartnäckig dagegen sträubte. Dieser Output war uns für unsere „Vorzeigesegelfahrt" für die Großeltern aber sicherlich zu wenig. So fuhr Papabert mit dem Dinghi verzweifelt am Ankerplatz auf und ab, besuchte mehrere Yachten, auf denen sich noch Menschen tummelten, auf der Suche nach einer Taucherbrille.

„¿Tienes gafas? Do you have diving-glasses?"

Mit gezwungenem Lächeln und einem leidvollen Blick versuchte er, die Leute auf ihren Booten zur Herausgabe von irgendwelchen Gläsern, die man auf den Kopf schnallen konnte, zu zwingen. Aber vorerst hatte niemand auf den mindestens zehn Yachten eine brauchbare Taucherbrille zu bieten, nur Goggles zum Schwimmen. Aber mit denen konnte man unter

Wasser so gut wie nichts sehen. Nur optische Täuschungen (das ist keine Mutmaßung). Mit Goggles sah der Meeresgrund aus, als sei er 60 statt sechs Meter tief. Damit einen Anker zwischen den Felsen finden? Niemals.

Je mehr ihm das Schicksal aber abverlangte, desto mehr Adrenalin wurde in Papaberts Organismus gepumpt. War das vielleicht wirklich ein archaisches Prinzip? Die Crew hatte sich auf der mittlerweile wild schaukelnden ILVA eingerichtet und wartete darauf, dass der Anker vielleicht doch noch vor Einbruch der Dunkelheit hochkam. Nur irgendwie weg hier, das stand in ihren Gesichtern geschrieben. Das konnte Papabert auch von Weitem sehen. Die Mama von Papabert reagierte ohnehin empfindlich auf schaukelnde Ungetüme. Da halfen auch an die hundert Delfine nichts, die unentwegt in der Bucht vor sich hin tummelten und ihre Jungen zum Spielen ausführten. Auch Papabert wollte weg, klar. Nur schien das Glück nun an ihm zu hängen. Er lief in den Ort auf einer zerklüfteten Schotterstraße (ohne Schuhe, denn die waren auf der ILVA) und versuchte, eine Taucherbrille in einem Ort aufzutreiben, der aussah wie eine Filmkulisse am drehfreien Sonntag. Hier war alles dicht. Auch am Hauptplatz war niemand zu sehen. Wenn schon nicht kaufen, dann ausborgen, dachte Papabert. Von irgendwem. Und das Ganze möglichst schnell! Denn die Sonne hatte mittlerweile schon wieder einige Meter in Richtung Horizont gutgemacht.

Im verlassenen Dörfchen konnte Papabert doch noch ein junges Paar in einem Kleidungsgeschäft davon überzeugen, dass der „Verleih" ihrer Taucherbrille eine gute Sache für eine junge Familie auf einem Segelboot wäre. Obwohl ihr Geschäft eigentlich schon geschlossen war, gaben sich die beiden bemüht und öffneten nochmals. Ohne wirklich Spanisch zu können, war die Überzeugungsarbeit keine leichte Aufgabe. Die hübsche Verkäuferin geleitete Papabert ins Geschäft und fragte ihn, ob er nicht was zum Anziehen kaufen wolle, während ihr Freund hinten im Lager eine Taucherbrille suchte. Nö, Lederjacken waren nicht ganz sein Stil, bei 30 °C. Aber Papabert wollte doch nicht unhöflich sein. Wahrscheinlich hätte er auch eine Motorradjacke gekauft, wenn sie ihn vor die Wahl gestellt hätte. Die Wichtigkeit der Brille übertrumpfte jetzt einfach alles andere. Aber die beiden verstanden den Ernst der Lage und waren überaus tolerant.

„Einfach an den Baum vor dem Geschäft hängen", vermeinte Papabert auf Spanisch vernommen zu haben. Denn die beiden würden gleich nicht mehr hier sein.

„¡Muchas gracias!", schrie Papabert noch, während er schon zurück zum Dinghi lief. Denn die Sonne, die würde bald untergehen.

Das Cabo de Palos kann sehr eindrucksvoll aussehen (folgende Doppelseite).

Schon stand die nächste Übung auf dem Programm: Such den Anker. Auch wenn es schon ziemlich dunkel war. Mit geborgter Brille und nigelnagelneuer Unterwassertaschenlampe, die auf ILVA als einzig mögliche Hilfe verfügbar war, musste es nun gelingen. Der Gesichtsausdruck mancher auf dem Boot verbliebenen Crewmitglieder forderte es regelrecht heraus. Auf Eitelkeiten verzichtet man gern, wenn die Stunde fortgeschritten ist. Die Pizza in Alicante würde nicht ewig warten. Während Papabert dann den Anker im felsigen Meeresgrund lokalisierte und immer wieder ab- und auftauchte, um ihn herauszudrehen, kam zum Glück die Guardia Civil im schnittigen Rennboot daher. Zwei Muskelmänner präsentierten sich. Der eine hatte schon die Tauchausrüstung angelegt. Jetzt konnte doch nichts mehr schiefgehen. Die Crew an Bord war nämlich nicht ganz untätig gewesen. Obgleich sie Papabert nur bemitleiden konnte, hatte sie doch mit verzweifeltem Gewinke erreicht, dass einer der Restaurantbesitzer mit Motorboot die Burschen von der Guardia Civil anfunkte und ihnen von der Yacht mit der österreichischen Flagge erzählte. Nun galt es darauf zu warten, wer von den Helden der schnellere sein würde. Das beruhigte ungemein. Vor allem weil mittlerweile allen auf dem Schaukelschiff kotzübel war. Der Berufstaucher der Guardia Civil, ein Rambo mit Schnorchel, klärte dann die Sache mit dem Anker in wenigen Minuten. Papabert freute sich darüber. Er war aber auch ein bisschen enttäuscht, weil das nun gar so einfach war – und vor allem ohne ihn ging. Doch für gekränkte Egos war kein Platz. Es war und blieb doch letztlich jedes Ergebnis eine Frage von organisierter Teamwork.

Mit einigen inbrünstig gebrüllten *¡Gracias!* waren wir auf dem Rückweg. Mit leicht erhöhtem Adrenalinspiegel und Stress im Nacken, denn die See machte alle Anstalten, jetzt noch höher zu werden. Aber zuvor stellten sich bei allen an Bord Befindlichen Glücksgefühle ein. Alles war gut, Zigaretten wurden geraucht, fröhlich angeboten und abgelehnt. Nur ein Crewmitglied hatte sich schleichend ein Problem einfangen: das Schlechtsein auf einer sich scheinbar ewig und unbremsbar dahinbewegenden Yacht. Nun ja, während des Abends kamen die Wellen etwas mehr in Schwung. Dass es Kindberts Großvater dann aber doch so schlimm erwischte, überraschte selbst ihn. Zum Glück war es zu unserer als Abfalleimer gebrauchten Pütz im Cockpit nicht weit. Die hatte ja schon in Kroatien öfter mal als „Eimer des Grauens" gedient und sich damit als Helfer in der Not bewährt.

Laut unseren Gästen war Alicante auch nach unserem Ausflug nach Tabarca immer noch einen Urlaub wert. Zugegeben: Vom Meer aus lädt die Stadt nicht auf Anhieb zu ein paar netten Wochen ein. Während der Einfahrt in den Hafen sah es eher so

Der Blick auf Alicante ernüchtert, erst hinter den Hotels beginnt die Stadt (vorhergehende Doppelseite).

aus, als kämen wir in eine total versaute Industriestadt. Auf den Balearen nämlich kann man schon an das Schöne gewöhnt werden – die Mallorquiner hatten den Müll ja ganz hinten am Berg versteckt. Aber hier thronte er hoch aufgetürmt in der Hafeneinfahrt, gemeinsam mit Schwefel- und Alteisenbergen, hässlichen Hafenmauern, Wracks, gigantischen Hochhäusern, die Schulter an Schulter wie Soldaten zwischen Strand, Autobahn und steilen Felsen standen, quasi nach der Reißbrettmethode konstruiert (vielleicht eine spezielle, spanische Architekturdisziplin?). Flugzeuglärm vom nahen Aeropuerto und große Fähren gab's auch zuhauf. Eine überfuhr uns fast, als wir beim Ansteuern des Hafens kurz vergaßen, nach hinten zu sehen – mit Volldampf und einer gehörigen Zerstörungswelle krachte sie an uns vorbei. Das war eine Begrüßung.

Aber: So wie überall auf Reisen kann man auch in Alicante nach den schönen Plätzen suchen. Und es gibt sie. Die Altstadt mit ihren riesigen Gummibäumen (Ficus elastica), ihren schönen Cafés, ihren engen, kühlen und gepflegten Gassen. Auch abseits der Stadt gab es einiges zu sehen. Am besten entdeckt man das im *„american style"*, mit einem Mietauto, oder aber auch zu Fuß.

Die Wasserfälle im Hinterland von Benidorm waren der Inbegriff eines paradiesischen Platzes inklusive dem reinen Bergwasser, selbst die Fische gingen da nicht aufs Klo. Schon nach ein paar Metern tat sich im Felsen ein enger Kamin auf, in dem aus 20 Metern Höhe das Wasser herabrauschte. Der Eingang in die Höhle war geheimnisvoll schmal, die Wände durch das abfallende Wasser dick vermoost. Das Sonnenlicht drang, dramaturgisch perfekt in Szene gesetzt, bis zur Wasseroberfläche durch und beleuchtete diese kleine Höhle von oben wie mit einem Scheinwerfer. Anfangs waren wir allein, die einzigen Touristen saßen bei Bier und Tapas in der Cafeteria, was Familie Bert dazu verführte, sich gleich an Ort und Stelle umzuziehen und in die Höhle hineinzuschwimmen. Bei 15 °C Wassertemperatur entstand ein ziemlich luftleeres Gefühl. Pielach-Déjà-vu im September (die Pielach ist ein niederösterreichischer Fluss). Drinnen angekommen war man abgeschottet von der Außenwelt. Wir konnten den geheimnisvollen Ort genießen, uns auf die glatten Steine setzen und allein sein (wir haben das probiert). Auch wenn weiter draußen vor dem Höhleneingang 40 spanische Senioren lauthals herumkommentierten und sich mit Fotoapparaten an den Höhleneingang anpirschten. Mamabert kam sich etwas nackt vor, als sie beim Rauskommen über die rutschigen Steine auf die etwas höher gelegene Wiese robbte. Schnell mal anziehen und weitergehen. Vielleicht hatte sie ja keiner gesehen.

Zurück in Alicante – wir wollten noch etwas Verpflegung für die Weiterfahrt bunkern – war plötzlich die Straße abgesperrt. Ein World-Cup-Triathlon brachte Polizisten und agile alte Frauen zur Verzweiflung, sobald sie über die Straße wollten. Es ging alles sehr schnell, alles nach streng exekutierten Regeln, wie in Spanien ja üblich. Die Zuschauermenge war enorm. Manchmal – es war am Hafenkai – musste man die Laufbahn des Wettbewerbs queren. Ansonsten war kein Verlassen des Hafens möglich.

Die Polizei regelte die Menschenströme aus Sportlern und Fußgängern. „¡Por favor! ¡Vamos! ¡Vamos!", wurden Leute mitunter angeschrien.

Und wenn die Polizei gerade einmal nicht da war, übernahmen Passanten den Job. Die waren nicht weniger streng. Wir haben uns auch gefragt, wie World-Cup-TriathletInnen sich wohl in Alicante ernähren. Mit englischen Tapas? Mit in Fett ertränktem Speck und Bohnen? Wir haben uns jedenfalls beim Triathlon in Stellung gebracht (nur wohlgenährt, damit wir nicht an Mangelernährung sterben) und die Spitzensportler beobachtet. *¡Muy impressionante!,* kann man sagen. Nur eine Runde im Hafenbecken zu schwimmen hätte Mamabert schon an Brechreiz erkranken lassen! Dass die Sportler das machten, konnte nur mit ihrer Unwissenheit über die vielen Seglerbräuche bezüglich der Grauwasserentsorgung erklärt werden. Sogar die Fische haben immer wieder das Wasser verlassen und zwischen den Planken des Schwimmstegs den Freitod gewählt. Weil sie es wahrscheinlich nicht mehr ausgehalten haben in dieser Brühe. Kein Wunder also, dass die Athleten und Athletinnen so dünn waren.

Der ideale Badegast – Badegasticum idealum

14. Oktober 2013. Immer wieder tauchte eine ähnliche Frage auf: „Wenn ich Gast bei euch wäre, über welche Fähigkeiten müsste ich dann verfügen? Müsste ich dann etwas können, oder bräuchte ich einfach nur faul herumzuliegen?"

Zu all diesen Fragen wollen wir einmal in aller Ruhe Stellung nehmen und eine Liste von Fähigkeiten erstellen, die auf Yachten unbedingt von jedem Gast beherrscht werden müssen. Ansonsten droht Kielholen[1] oder Bierholen – je nach Mangelerscheinung und Marktlage. Während ein paar ruhiger Tage auf See auf dem Weg von Alicante nach Cartagena haben wir uns über ein paar Leitsätze zur Crewbildung Gedanken gemacht, weshalb sie sich auch in diesem Buch wiederfinden. Es gibt ja nichts Nutzloseres als ungeteiltes Wissen. 23 Attribute haben wir herausgefunden, die wir der Allgemeinheit hier zugänglich machen. Kritikern, aber auch Befürwortern dieser Sammlung sei gesagt, dass diese Liste nur unsere subjektive Sichtweise widerspiegelt und sich nur bedingt auf andere Bereiche der Schifffahrt übertragen lässt. Es wird seitens der Urheber keine Verantwortung für diverse Unglücke übernommen.

1. Optimale Höhe des Gastes: 130 Zentimeter, optimale Breite: 20 Zentimeter, optimale Tiefe: 30 Zentimeter.
2. Sie/er weiß: Die Demokratie hat bis dato alle Boote zum Sinken gebracht, deshalb ordnet sie/er sich devot in die vorgegebenen Verhaltensregeln ein.
3. Sie/er kann schwimmen oder erweckt dauerhaft (auch unter emotionaler Anspannung) den Eindruck, es zu können.

---

[1] „Kielholen" war eine bis ins 19. Jahrhundert gebräuchliche schwere Disziplinarstrafe für Matrosen. Der Seemann wurde an ein Tau gebunden und unter dem Schiff – längs oder quer – durchgezogen. Die Muscheln und Seepocken am Rumpf verursachten oft tödliche Verletzungen. Um 1720 wurde jeder, der während seiner Wache schlafend erwischt wurde, dreimal kielgeholt.

4. Sie/er ist Ernährungswissenschaftler und kann den veränderten durchschnittlichen Kalorienbedarf einer Kleinfamilie auf längerer Überfahrt spontan errechnen oder zumindest erraten, um sich bei der Kalkulation der Essensportionen sinnvoll einzubringen.

5. Sie/er wünscht Kaffee nur, wenn es welchen gibt, trinkt auch warmes Bier oder ausgerauchtes Mineralwasser, frühstückt erfreut das Abendessen vom Vortag und ist mit mindestens einem kardianisch fixierten gesunden „Saumagen" ausgestattet. Sollten dennoch bereits anverdaute Lebensmittel den Körper auf dem falschen Weg verlassen wollen, ist es ihr/ihm kein Problem, die Lage so weit so einzuschätzen, dass zeitgerecht und ohne Vorwurf an Crew oder Skipper ein geeignetes Gefäß gesucht, gefunden und in Position gebracht werden kann. Am besten ist ein auswaschbares mit festsitzendem Deckel. Die anschließende geräusch- und umstandsfreie Reinigung versteht sich von selbst.

6. Sie/er versucht stets, das Gute in jeder Situation zu erkennen, und nimmt positiven Einfluss auf die Bordstimmung – auch ohne ausreichenden Auslauf.

7. Sie/er hat eine hinlänglich große Portion Humor und ist zu ironischen Interpretationen der Realität in der Lage.

8. Sie/er liebt Kinder und deren Tätigkeiten am frühen Morgen und säubert gern per Hand dreckiges Geschirr – währenddessen.

9. Sie/er hat keine Wünsche bezüglich der Reiseroute, findet überallhin eine Flug-, Bus- oder Bahnverbindung und flexible Urlaubszeiten.

10. Sie/er kann auch bei starker Lage allein in der Kombüse Krautsuppe mit Risotto machen.

11. Sie/er liebt Wind und Flaute, salzverkrustete (mitunter aufgesprungene) Haut, Sonne den ganzen Tag, sowie Regen, wenn es welchen gibt.

12. Sie/er liebt es, mit nassem Hintern von der Dinghifahrt am Strandboulevard zu flanieren, um in feinen Restaurants zu sitzen (ohne sich blöd dabei vorzukommen).

13. Sie/er schwitzt/stinkt niemals und ist olfaktorisch auch nicht in der Lage, Schweiß oder andere Körperausdünstungen in der näheren Umgebung wahrzunehmen.

14. Sie/er kann in jederzeit und in jeder Position erholsamen Schlaf finden und außerdem ein Handpumpklo ohne Erklärung zweckgetreu benützen.

15. Sie/er hat die spirituellen oder finanziellen Mittel, unangenehmen Schwell zu unterbinden (ein Frachtschiff zum Aufwerfen von optisch ansprechenden Sanddünen zwecks Wellenbrechung sollte mindestens zur Verfügung stehen) und

ist gelernter und passionierter (Land-)Maschinenmechaniker mit Hang zum Kopfüber-Extremschrauben.

16. Sie/er ist allzeit tauchbereit und führt alles notwendige Equipment zum Durchführen aller anfallenden Unterwasserreparaturen mit sich. Wahlweise kann er/sie sich auch in Moses verwandeln und das Meer teilen, wenn es mit dem Tauchen nicht so gut klappt.

17. Sie/er steht in einem verwandtschaftlich positiven Verhältnis zu Wasser- und Windgöttern.

18. Sie/er gründet eine finanziell potente Seglerstiftung zum Wohl segelnder Familien aus Wien-Alsergrund.

19. Sie/er macht ausschließlich schöne, jugendhafte und doppelkinnfreie Fotos von der Crew – und das ständig.

20. Sie/er freut sich von Anfang bis zum Schluss, dabei sein zu dürfen, und weint ein bisschen beim Abschied.

21. Sie/er ist goldenes Clubmitglied in allen Marina-Privat-Clubs des Mittelmeers und verschafft damit auch den Begleitpersonen freien Zugang zu Einrichtungen, die schon während der Reise Begehrlichkeiten wecken (Fußball- und Tennisplätze, Hallenschwimmbäder, Jacuzzis und Massagesalons zum Beispiel).

22. Sie/er kann ein Instrument spielen und großartige Texte fürs Internet schreiben oder hat wenigstens Spaß am Mitsingen.

23. Sie/er hat gute Verbindungen zu internationalen Autovermietungen, verfügt über die finanzielle Freiheit, sich jederzeit ein passendes fahrbares Gerät zu verschaffen, um damit die weitere Umgebung zu erkunden oder Einkäufe zu tätigen (notfalls werden auch Esel angenommen).

Cartagena – Fußball und Tapas

Wir erreichten dann Cartagena, die nächstgrößere Stadt südlich von Alicante, auf dem Weg nach Andalusien, auf dem Weg zu Flamenco, Wüste und Sonne. Beim Anlaufen des Hafens war uns zunächst nicht ganz klar gewesen, wo er sich versteckte. Der Weg bis in die letzte Ecke der riesigen Bucht war viel weiter, als wir gedacht hatten. Man segelt scheinbar ewig in Richtung Land. Steil aufragende Felsen säumen die Einfahrt zum Hafen. Es wird enger, verschlungener, uneinsichtig und dabei verwirrend. Klar ist: Hier wird man gesehen. Wer zum Hafen möchte, wird bei Bedarf von oben bis unten beäugt, mit Scheinwerfern aufgespürt, kontrolliert, in früherer Zeit sicher auch mit allem Verfügbarem beschossen – ein Kinderspiel. Wenn harter Seegang die Bucht überflutet, ist an ein Entkommen auch nicht mehr zu denken. Hunderte Schießbunker und militärische Stellungen säumen die Felsen, mit leeren dunklen Augen zielen sie auf einen. Das lässt die Nervosität steigen, ob man will oder nicht. Die historische Relevanz von Cartagena wird einem hier augenscheinlich vorgeführt. Wir fühlten uns wie in einer Löwengrube, während ILVA mit ein paar Stundenkilometern in Richtung Hafen tuckerte. Hier dürften schon seit Urzeiten Seefahrer gewesen sein, ob nun im Krieg oder beim Fischen.

Nach einer markanten Mole tat sich eine weitere kleinere Bucht auf. Mehrere Marinas, ein Verladeport und militärische Anlagen lagen hier mit ausreichend Platz nebeneinander. Ein imposanter Ort, das muss man sagen. Aber lange hielt uns das Leben hier nicht. Wir spürten einen Sog nach Süden. Die Berge und das satte Grün der Bäume ließen erahnen, dass die klima-

Ente gut, alles gut.

tischen Verhältnisse nicht zu unserem Geschmack passten. Schon gar nicht im Winter, wenn alles feucht war, an Bord von ILVA gab es (noch) keine Heizung. Aber eines war hier einzigartig: Der großzügig angelegte Platz zwischen dem Museum und anderen Hafengebäuden lud zum Fußballspielen ein. Bald spielten wir täglich einige Stunden. Kindbert liebte es, Tormann zu sein. Manchmal knallte ein Ball auf eine Fensterscheibe oder ein Eingangstor. Aber niemanden schien das zu stören. Auch Passanten spielten mit. Ein Fußball war hier in Spanien kein Störfaktor, sondern eher ein Grund, Bekanntschaften zu schließen.

Andalusien – heißes Plastik, kalte Wüste

Ende Oktober 2013. Für die 100 Seemeilen zwischen Cartagena und Almería nutzten wir noch die Ruhe vor dem Sturm. Der Wind bescherte uns entlang der spanischen Küste wieder leichtes Amwindsegeln. Die Windfahne liebte das. Ohne nachjustieren zu müssen, pflügte sie den Weg. Die Wellenhöhe ließ ein gemächliches Segeln zu, mit Vollzeug, fast wie im Bilderbuch, ohne große Schaukelei. Nach Sonnenuntergang schlief der Wind ein, und wir motorten die restlichen 30 Seemeilen durch die pechschwarze Nacht per Autopilot (auf Kompasskurs, das liebte Papabert). Ein Knopfdruck und ILVA steuerte je ein Grad nach rechts oder links, je nachdem was wir so wollten. Fünfmal drücken waren 5°. War die Welt nicht einfach? Vorbei ging's am Cabo de Gata, einem der schönsten Orte unserer Reise. In den kommenden Monaten sollten wir hier noch öfter sein. Keine Berge, keine Lichter, kein Ort, nicht einmal eine Landschaft, keine Konturen.

„Das muss eine komplett unbewohnte Landschaft sein", sagte Mamabert.

Sie sollte recht behalten. Was haben wir daraus gelernt? Siehst du von einem Ort bei Nacht nichts, dann komm am Tag wieder vorbei! Es wird sich auszahlen!

Der Schiffsverkehr wurde stark, Gibraltar war nicht mehr weit. Auf den Schifffahrtsstraßen fuhr ein Riese nach dem anderen, wie die Lastwagen am Wiener Gürtel. Unaufhörlich schien einer am Heck des anderen zu kleben. Einer überfuhr uns fast. Wir hatten den Kerl schon länger am AIS[1] im Blick. Er kam genau von Steuerbord auf uns zu. Papabert funkte den Kapitän an, um ihn zu fragen, ob er uns auf dem Radar hatte.

---

[1] Automatic Identification System: Unser Funkgerät empfängt auch wichtige Informationen von Schiffen, die länger als 20 Meter sind (AIS-Daten). Über das Funkgerät kann der Kartenplotter diese Schiffe optisch mittels kleiner Dreiecke darstellen. Die Reichweite ist mindestens 30 Seemeilen. Empfangen werden Geschwindigkeit, Kurs, Größe, Art des Schiffs, Peilung usw. Das erleichtert die Einschätzung von Gefahren während der Nacht ungemein.

„*Yes sure, no problem*", sagte der. Wir bräuchten uns keine Sorge zu machen, das würde sich ausgehen. „*Stay on course, keep your speed*", sagte er noch, ehe er auflegte.

Na, das waren eindeutige Worte, nicht? Es klang zwar beruhigend, brachte uns aber bald in Wallung. Denn der Frachter war schnell und nah. Wir sahen nur rote, grüne und weiße Lichter im schwarzen Nichts. Die Worte des Kapitäns mischten sich bald mit der Tatsache, dass mindestens 100 000 Tonnen in Richtung unserer kleinen Seelen unterwegs waren. Ohne Bremse oder Ampel. Ob der Kapitän uns wirklich sah? Bald schon konnten wir den Rumpf des Ungetüms erkennen. Vorn an der Spitze ragte eine weiße Laterne mindestens 30 Meter in die Höhe. Ein Abdrehen würde jetzt nicht so schnell gehen. Der Autopilot „hielt" das Steuerrad fest. Das Auskoppeln der Steuerseile brauchte ein bisschen Zeit. Egal! Das Risiko würde zu groß sein, hier draufzubleiben. In Windeseile entkoppelten wir den Autopiloten und drehten knapp vor dem Bug des Frachters ab, um 180°. Puh, das war aber verdammt knapp. Wären wir auf Kurs geblieben, dann wären wir mit Sicherheit vor der Küste von Almería beerdigt worden. Wasserbegräbnis! Ab diesem Zeitpunkt wurden wir noch vorsichtiger mit diesen schwimmenden Bergen und vertrauten nur noch unserer Wahrnehmung.

Bei sensationellen 13 Euro pro Nacht (*All-inclusive*-Winterpreis) gönnten wir uns einen längeren Hafenaufenthalt in Almería. Dazu gab es einen Parkplatz für ein Mietauto (wenn wir denn eines gehabt hätten), Internet auf dem Schiff und samstags eine ordentliche musikalische Dröhnung vom nahen, äußerst schicken Hafenrestaurant. Dieses sollten wir aber leider nie von innen sehen. Denn Smutje spielten wir nunmehr wirklich jeden Tag selbst. Auf das Essengehen wurde ab Erreichen von Almería tunlichst verzichtet – unleistbar auf Dauer. Die Wege in das Zentrum von Almería waren kurz. Gleich um die Ecke lag der Club del Mar mit Fitnessbereich und einem großen Schwimmbecken zum Tauchen und Schwimmen für Kindbert. Weiter vorn zwischen Strand und Küstenstraße fanden wir fein angelegte Parkanlagen, in denen sich Jongleure, Skater, Läufer, Radler, Fußballer, Kaffee- und Rotweintrinker die Plätze teilten. Sogar in die Altstadt waren es zu Fuß nur zehn Minuten. Selten auf dieser Reise lag alles so eng beieinander, selten in einer derart angenehmen Atmosphäre.

In diesem Paradies herrschte überraschenderweise kein Gedränge. Die Marina samt ihren Gebäuden hatten wir fast ganz für uns allein. Abends konnten wir an Deck nie enden wollend Gitarre spielen und singen. Kein Geräusch war im schwellfreien Wasser zu hören. Nur die immer scheinende Sonne sah uns zu. Es war einfach herrlich, was auch immer uns einfiel an Bord oder

Filmstudios in Tabernas, einstige „Spaghetti-Western"-Schmiede mit Totschießqualität.

Auf dem „Rock" von Gibraltar – zwischen den Kontinenten fühlt man sich klein (folgende Doppelseite).

drum herum zu tun – singen, spielen, fernschauen, an ILVA werkeln, grillen, sporteln etc. Niemanden kratzte das. Und gesehen hatten wir bald auch schon eine Menge. Von den verschiedenen Wüsten, die hinter den ersten Bergkämmen beginnen, über die Sergio-Leone-Filmstudios in der Sierra Tabernas (inklusive Western-Reit-und-Erschieß-Show), das Cabo-de-Gata-Naturreservat, das ist der trockenste Ort Europas, in dem sich eine bilderbuchreife Bucht an die andere reiht. Und die Alcazaba, eine fulminante Burg ähnlich der Alhambra, mitten in Almería. Und natürlich den „Rock" von Gibraltar inklusive Affenpopos. Und – nicht zu vergessen – das Mare Plastico, das größte von Menschenhand geschaffene Anbaugebiet für Obst und Gemüse in Europa, welches fast vollständig mit Plastikplanen überzogen ist.

Zwischen den Gewächshäusern liegen dort auch immer wieder slumartige Ansiedlungen, in denen die Agrararbeiter ihr Dasein fristen müssen. Diese Menschen, meist aus Afrika zu Billigstlöhnen engagiert, versorgen Europa und die übrige Welt mit billigstem Gemüse und Obst. 80 Prozent der spanischen Obst- und Gemüseproduktion kommen aus dieser Gegend. Immer wieder sahen wir Arbeiter, die in halb verfallenen Häusern wohnten, wahrscheinlich ohne Strom und fließendes Wasser. Hier wurde wasserreiches Gemüse noch billiger produziert als in Afrika. Und das im trockensten Gebiet Europas! Wir verstanden die Welt nicht mehr.

Nicht zu segeln verschaffte uns mehr Zeit. Dadurch bekam Kindbert jetzt täglich Unterricht. Und wenn es nur 30 Minuten waren. Die Vorgabe hieß: irgendetwas zu beginnen und es auch fertig zu machen. Meist ging das ganz gut nach einer kurzen Eingewöhnungsphase, in der Kindbert all die Verlockungen kurz vergessen musste. Aber er hielt sich wacker. Es waren bald Fortschritte zu verzeichnen, die uns die Brust stolz anschwellen ließen. Vor allem in Musik gab es einige bemerkenswerte Leistungen. Kindbert lernte, „Drunt in der greanen Au" (ein altes Volkslied) zu singen. Mamabert konnte sich nie zurückhalten und sang alleweil mit. Zu groß war das gemeinsame Vergnügen.

Auch Warmwasser hatten wir nun, sogar wenn der Motor nicht lief, durch eine elektrische Heizspirale im Boiler. Und endlich: Papabert hatte eine tolle Lösung für zwei immer wieder auftretende Wünsche erarbeitet. Erstens: Mamabert wollte ein Doppelbett außerhalb des Salons. Und zweitens: Kindbert wollte morgens noch mit dazu. Ein paar Fichtenbretter aus dem örtlichen Baumarkt vervollständigten nun die kaiserlich-königliche Achterkabine zur Schlaflandschaft. Nun konnten wir zu dritt unter luxuriösen Platzverhältnissen in unserer hinteren Kabine schnarchen. So cool!

Cabo de Gata: Steine, Steine, nichts als Steine.

Modell oder echt (folgende Doppelseite)?

Almería: Zwischen Paseo, Strand und Hafen kann man echt gut abhängen (Doppelseite 134/135).

Diese Fischerboote wurden schon lange nicht mehr benutzt (Doppelseite 136/137).

Unter diesen Booten wohnen Menschen (Doppelseite 138/139).

Afrika ruft

Immer noch November. Nachdem wir in den nächsten Tagen nach Melilla, die spanische Enklave in Marokko, segeln wollten, standen nun die ersten Vorbereitungen für die Abfahrt auf dem Programm. Die Backskisten gehörten einmal ordentlich gesäubert und das Zeug so verstaut, dass man es auch herausnehmen konnte, ohne sich Arme und Beine zu verrenken. Die Wetter- und Seebedingungen in der Nähe von Gibraltar würden hart werden. Das sagte uns jeder segelaffine Mensch hier in Almería, vor allem im Winter, wenn sich starke Westwinde durch den engen Kanal beim Felsen von Gibraltar verdichteten und das Meer aufpeitschten, das Segeln sei dann nicht mehr mit einem Honiglecken vergleichbar.

Der gesamte Innenraum der ILVA benötigte einen Herbstputz. Ganz zu schweigen vom Rest, der im Außenbereich im UV-Licht und vom vielen aufgewühlten Sand gezeichnet vor sich hin gammelte.

Kuchenbude, Deck, Fenster, Luken, Winschen: reinigen, pflegen und fetten. ILVA war ja letztlich auch unser Haus und Heim. Serviciert gehörte natürlich ebenso der gesamte Motorraum, die Bilge, die Bilgenpumpen, Dichtungen, Schläuche. War das alles noch ganz dicht – so wie wir? War die Opferanode tatsächlich noch auf der Antriebswelle? Wie viel Kubikmeter Muscheln züchteten wir schon auf unserem Unterwasserwald am langen Kiel? Und: Wie schön gleichmäßig und rasant würde der Propeller noch propellern können, wenn er mit Muscheln bewachsen war?

Einen wesentlichen Teil hatte Papabert in Eigenregie über

Regatta im Kleinen.

sich ergehen lassen müssen: Im Neoprenanzug, mit Flossen und Taucherbrille ging es, zugegebenermaßen nach einigen heftigen Luftschnappern (Neptun, war das kalt!), im halbwegs klaren Hafenbeckenwasser einmal rund um ILVA. Das Wissen um die Fische, die sicher nicht ohne Grund um die Boote kreisen und sehr wohlgenährt aussahen, hatten wir genau für diesen Zweck aus unserem Gedächtnis gestrichen.

Das Hafenwasser war wie gefühltes Arktiswasser und dann doch sehr trüb. Kaum Sicht, aber es ging. Papabert hatte einen so großen Auftrieb (sicher ausschließlich wegen des dicken Neoprens), dass das mehrmalige Abtauchen schon absolut erschöpfend war. Gern hätte er einen Bleigurt gehabt. Eigentlich wollte er eine neue Opferanode an der Antriebswelle in der Nähe des Propellers anbringen. Aber gleich stellte sich heraus, dass man für diese Arbeit eine Mischung aus Herbert Nitschs Apnoe-Künsten und der Handfertigkeit eines Uhrmachers mitbringen müsste. Binnen weniger Sekunden zwei Halbschalen auf die Welle zu drücken und gleichzeitig mit dem Imbusschlüssel zu drehen war bei angehaltenem Atem und heftigen Flossenschlägen utopisch. Mamabert wollte auch ihren Teil dazu beitragen und brachte sich mit tollen Ideen ein: „Nimm doch einen Gartenschlauch zum Luftholen!" Oder: „Vielleicht könntest du dich unten anbinden und über den Gartenschlauch atmen?" Oder: „Soll ich dich mit dem Bootshaken runterdrücken?" All diese Ratschläge brachten ihr böse Blicke ein. Dabei hatte sie es nur gut gemeint. Um kein gröberes Unglück heraufzubeschwören, wurden alle weiteren Vorschläge von Mamabert in Bezug auf Unterwasserreparaturen verworfen. Kindbert grinste. Schon nach dem ersten Abtauchen war klar, dass ein Teil der Anode noch an der Welle war. Das genügte für die Heimreise oder zumindest die nächste Zeit. Außerdem hatten wir ja eine total verkabelte ILVA mit Hunderten Metern Erdungsleitung (wegen des Blitzschutzes). Da ließ sich leicht eine Zinkanode mit einem Kabel an der Windfahne oder dem Achterstag anbringen, um die Angst vor galvanischem Lockfraß an der Antriebseinheit zu beruhigen. Den restlichen Tag musste Papabert seinen abgetauchten Kreislauf suchen. Der war nämlich ebenfalls auf Tauchstation gegangen.

Somit war unser Heim wieder einsatzbereit. Abends spürten wir deutlich den Unterschied zwischen Charteryacht und Eignertum. Irgendwie wurden wir an die oft mild belächelten Auto-Liebhaber- und -innen mit ihren Wasserkübeln und Lederfetzerln erinnert. So sahen wir jetzt für Spaziergänger im Hafen sicher auch aus, ein wenig *freaky*. Egal. *My home is my castle* – ob uns unsere Tätigkeiten oder unser Aussehen den Namen *freaks from the port* einbrachten, wissen wir nicht. Aber es hat uns tatsächlich jemand so gegrüßt. Später wurde er ein guter Freund. Ja, spätestens auf den zweiten Blick sind wir unwiderstehlich.

Auch Kindbert brauchte dringend Kontakt zu anderen. Er konnte einige Wochen beim Fußballtraining im Club del Mar mitmachen. Ihm gefiel es, endlich mal wieder Kinder in seinem Alter um sich zu haben. Das Spanisch als Sprachbarriere war rasch vergessen, und bald konnte er die meisten fußballrelevanten Begriffe verstehen und bei allen Übungen mitmachen. Die Matches auf dem Fußballplatz der Dachterrasse sahen auch schon super aus. Der Level der Ballartistik auf dem Spielfeld schien in Spanien auch bei den jüngsten Sportlern um vieles höher zu sein als zu Hause. Dass hier Dreijährige den Ball führten, trippelten und dann noch einen kräftigen Schuss in Richtung Tor kickten, war keine Seltenheit. Fast in jedem Park sah man kleine Kinder mit außergewöhnlichem Ballgefühl. Außerdem standen beim Fußballspielen Disziplin und Gemeinschaft an oberster Stelle. Keines der Kinder fluchte oder regte sich über Unstimmigkeiten beim Spielverlauf auf, auch nicht der Trainer. Alle paar Wochen plagte für kurze Zeit Kindbert eben doch die Abwesenheit von seinen Freunden. Hier in Almería bestand zum ersten Mal auf der Reise die Möglichkeit, Freunde auf Zeit zu finden. Ob beim Fußballspielen, am Strand oder im Park.

Doch zwei Stunden Fußball pro Woche waren der Beschäftigung nicht genug. Wir zeichneten, lasen, lernten, werkelten viel und kochten im Rahmen des Hauswirtschaftsunterrichts. Auch wurden mehrere Exkursionen in den Waschsalon der Stadt durchgeführt: Einführung in das Wäschezusammenlegen. Das waren zugegeben Erkenntnisse, die man ohne ein ordentliches Maß an Langeweile nicht machen konnte. Aber Kindbert machte es überraschenderweise großen Spaß, sein Gewand selbst zusammenzulegen. So wie es sich für große Fußballer eben gehört. Tja, es gibt nicht nur Spitzensport und moderne Kunst, sondern auch altbekannte Notwendigkeiten im Leben. Die spanischen Damen im Salon waren ganz begeistert von unserem Sohnemann, der trotz flotten Fußballeroutfits nicht vorm Zusammenlegen diverser Wäscheteile zurückschreckte. Wäsche war in Spanien ja Frauenarbeit.

Guadix – vom Fortbestand der Höhlenmenschen

Bevor wir absegelten, wollten wir uns noch etwas ansehen, von dem wir mit leicht irritierten Blicken gehört hatten: In einem Ort, nicht weit von Almería entfernt, wohnten die Menschen in Höhlen. Was? Höhlenmenschen? Steinzeit? Keilschrift? Also, dass Spanien in Bezug auf Innovationsbereitschaft vielleicht ein bisschen hinterherhinkt, hätte uns bei der Hitze nicht weiter gewundert. Das machte das Land aber noch lange nicht unsympathisch. Brach hier eine neue Ära an, oder war die Zeit stehengeblieben?

Im Vorüberbrausen mit dem Mietauto war uns Guadix am Rande der Sierra Nevada nur durch seine bezaubernde Natur aufgefallen. Kleine, hoch aufragende Bergformationen ragten fast bis ins Zentrum der Stadt. Diese bildeten Schluchten, Hügel und Zinken, wie ein Minimundus der Alpen, nur ohne Schnee oder Goldrausch. Wir wussten zu dem Zeitpunkt noch nicht, dass es sich eben genau da lohnte, stehen zu bleiben, weil dort Menschen in Höhlen wohnen sollten. Und wir konnten es uns auch nach viel Information darüber nicht so recht vorstellen. Die Bahnlinie Richtung Granada führte zum Glück genau dorthin, und außerdem war eine Zugreise ohnehin etwas, das Kindbert in Spanien unbedingt noch machen wollte. Zugegeben, auch wir waren von der Idee angetan, wenngleich die Preise für unser Budget doch etwas agitiert erschienen.

Bald saßen wir also im Zug nach Guadix, einer Kleinstadt im andalusischen Hinterland. Die Strecke wand sich vorbei an Gegenden, in denen sich Winnetou und Old Shatterhand gern die Hand zur Blutsbrüderschaft gereicht hätten. Die Berge, gar nicht hoch, bestanden aus gepresstem Sand, grobkörnig und schroff. Bei geringsten Wassermengen schien es, als würde gleich ein ganzes Tal ausgewaschen werden. Und die Schluchten waren tief, eng und erinnerten bei jedem Blick aus dem Fenster an eine wundervolle, imposante Kulisse für eine vorbeiziehende Herde voller Westernhelden mit Schießgewehr. Und dann war es so weit: Ankommen in Guadix. Ein bisschen sah es aus wie am St. Pöltner Alpenbahnhof. Schon von Weitem sahen wir die Höhlenmenschen-Häuser. Bestehend nur aus einer gemauerten Frontfassade in Weiß, direkt eingebaut in einen braunen Sand-Lehm-Hügel. Ein oder mehrere Fenster, eine Tür, gerahmt von Lehm und Erde. Wie im Auenland. Das waren sie also, die Behausungen der Höhlenmenschen. Oben aus den Hügeln ragten meist Rauchfänge oder Belüftungsschlote.

Kletterte man auf den Hügeln herum und wanderte über die ausgetretenen Pfade, also quasi auf den Häuserdächern, dann spazierte man geradewegs über Garagen, Kirchen, Wirtshäuser, Wohnzimmer, Küchen, Schlafzimmer und jegliche Räumlichkeiten des normalen Lebens. Viele Höhlen waren natürlich auch ausgestattet mit beeindruckenden Sat-Anlagen. Und weil das Museum zum besseren Verständnis der *casas de cuevas* zugesperrt war (wir gestehen, sehr intensiv war unsere Vorab-Recherche nicht gewesen), bat uns ein fideler Höhlenmensch direkt in sein Haus. Überhaupt waren alle dortigen Höhlenmenschen sozial sehr hoch entwickelt und überaus freundlich.

In seine Höhle lockte er uns zwar mit einem „*Gratis! Gratis! Vamos! Come inside!*", aufgefressen wurden wir aber trotz allem nicht, sondern weitergebildet. Wir wissen nun dank dem lebensfrohen Höhlenopa, dass Guadix die nachweislich am längsten bewohnte Siedlung in Andalusien ist. Und dass dort der katholische Bischofssitz war während der Zeit der Mauren. Die Menschen hatten bei ihren Streifzügen durch die Sierra Nevada immer wieder leicht bearbeitbare Löss- und Lehmschichten zwischen den Gesteinsbrocken entdeckt, die sich gut mit bloßen Händen oder einfachen Steinen bearbeiten ließen. Das hatten sich zuallererst nur die Strolche und lichtscheuen Gestalten zunutze gemacht, um nach ihren Schandtaten unentdeckt zu bleiben oder ihre Beute in Sicherheit zu bringen. Aber die Vorteile solcher Wohnungen sprachen sich bald bei ehrbareren Genossen herum. Im Lauf der Zeit bauten sie sich mehrere Schlafkammern (ganz hinten), Wohnzimmer (in der Mitte) und Küchen (ganz vorn) sowie Bäder und Toiletten. Einfach händisch reingraben, verputzen, fertig. Wenn noch ein Raum dazukommen sollte, brauchte nur weitergegraben zu werden. Es sei denn, der Hügel war zu Ende. So machte es jedenfalls der Höhlenopa. Er erzählte uns freudig jedes Detail seines traditionellen Wohnbaukonzepts. Er selbst grub sich sein Haus mit Schaufel und Spitzhacke. Die Vorteile wurden den Höhlenmenschen und alsbald der gesamten Bevölkerung bewusst: Im Sommer hatte es 20 °C und im Winter auch. Ebenfalls im Frühling und Herbst. Und es war immer leise, innen und außen. Wir fanden es sehr fein in dieser Höhle. Das waren richtige Niedrig-Energie-Häuser. Klimatisiert, ohne Technik und Schnickschnack und fast unsichtbar.

Aber auch außerhalb von Guadix, in Almería, fand man so manchen Höhlenmenschen, der auszog, die Welt zu entdecken. Manche benützten den Paseo Maritimo (eine breit und schön angelegte Pier am Strand) als Klo für ihre Höllenhunde (das zweite l ist kein Tippfehler!), ohne sich um die fatalen Folgen für die Mitbewohner zu kümmern. Von der Ausrutsch- und Verletzungsgefahr ganz zu schweigen. So beeindruckend wie manche Geschäfte hier vor unseren Augen lagen, hatten wir großen Respekt vor diesen Riesenviechern. Die mussten tatsächlich gigantische Ausmaße haben. Auch die menschlichen Nachkommen hielten sich anscheinend an diese „Lass-es-überall-laufen-Mentalität". Am Strand, am Spielplatz, an Häuserecken wurde munter von den Kleinen unter Anweisung ihrer Erwachsenen hingeludelt. Ohne den Versuch einer Geheimhaltungsstrategie zu starten. Keiner ließ sich davon bekümmern, und ja: So schlimm war es ja auch nicht. Aber im Hallenbad auch? Da wurden die Kindergartenkinder von den Kindergärtnerinnen aktiv dazu angehalten, offen in die Gemeinschaftsduschen am Rand des Beckens zu urinieren. Puh, das hat Papabert Nerven gekostet – vor Entrüstung hätte er beinahe laut aufgeschrien. Das durfte man im spanischen Hallenbad? Wo man so gut wie gar nix durfte, auch wenn niemand da war außer man selber? Der Bademeister war gekommen und hatte Papabert gemaßregelt. Denn Papabert hatte keine Badeschlapfen mit, und seine Haare standen aus der Badehaube raus. Dafür ludelte er aber garantiert nie vor seinem Chef in die Dusche.

Hermann Maier – surreal

Im Winter durch die Straße von Gibraltar zu segeln, grenzte fast an Selbstmord. Der Düseneffekt zwischen den Bergen in der Meerenge ist enorm. Der Wind hatte seit Wochen fast täglich über 30 Knoten, und es war nicht zu erwarten, dass sich das bald grundlegend ändern sollte. In diesem Punkt vertrauten wir voll und ganz auf die Eingeborenen im Hafen. Von einer Fahrt auf eigenem Kiel nach Nordafrika riet uns ohnehin jeder hier ab, egal wen wir fragten. Zu gefährlich wären nicht nur die Wind- und Wetterbedingungen, auch die Tatsache, dass schon seit geraumer Zeit immer mehr Flüchtlingsboote unterwegs waren, sprach nicht unbedingt dafür, als segelnde Jungfamilie auf hoher See zwischen die Fronten zu geraten. Den Erzählungen zufolge waren schon Unfälle auf hoher See vorgetäuscht worden, um Segler zur Hilfeleistung zu zwingen mit dem Ziel, sie um ihre Yacht zu erleichtern. Wir waren nicht sicher, ob das Seemannsgarn war. Aber falls nicht, wollten wir gern auf diese Erfahrungen verzichten. Das Segeln sollte für uns ein sportliches Ereignis bleiben und kein traumatisches werden.

Während unseres Aufenthalts in Almería versorgten wir unseren spanischen Freund José und die in immer kürzeren Intervallen vorbeispazierenden Hafenangestellten mit allerlei österreichischem Essen: mit Eintöpfen im Brot, Gulasch, Kaiserschmarrn, Schnitzel, Strudel mit oder ohne Mohn. Alles, was uns einfiel, versuchten wir zu kochen. Negative Kritik hagelte es von den Verkostern nicht. Auch die Hafenarbeiter wurden von uns kulinarisch bestochen. Wann immer diese vorbeikamen, winkte Mamabert schon mit einem vollen Teller. Man weiß ja nie! Außerdem bekam José von uns einen Video-Crashkurs im Schifahren und Rodeln. Er wollte nämlich seine Freundin in Schweden besuchen. Und die war begeisterte Sportlerin. Sie hatte ihm gesagt, es wäre herrlich, Schi zu fahren oder sich zumindest im Wintersport zu betätigen. Schnee hätten sie genug. José wollte dagegen nun mal nicht protestieren, und auch sein wildes andalusisches Blut sagte ihm, er müsse da als Mann jetzt durch. Er freute sich riesig auf Skandinavien, bekam aber große Augen, als wir ihm mithilfe von Händen und Füßen so manche Details über das Fahren auf zwei Brettern nahebrachten.

Es zeigte sich auch, dass José wenig Einblicke in die prinzipiellen Notwendigkeiten für den Wintersport hatte. Was, bitte, sind Schischuhe? Und wer braucht die? Eine Bindung mit Sicherheitsfunktion? Stöcke mit Schlaufen? Das zu erklären, erforderte so manch kreative Lösung verbaler oder nonverbaler Art. Aber zunächst mussten wir mal selbst hinterfragen, wofür denn das alles gut sei. Denn erst jetzt, beim Erklären der Grundprinzipien des Schisports, realisierten wir die Fremdartigkeit und Exotik des Schifahrens für Südeuropäer. Wenn man schon in früher Kindheit den Hügel mit Schiern hinunterrauscht, weiß man nämlich nicht, was man da gerade tut, und auch nicht, dass nicht alle Menschen auf der Welt den Reiz der Sache auf Anhieb verstehen können. Spanier aus der Beinahe-Wüste haben ja normalerweise nur Flip-Flops an den Füßen. Wie und warum sollten Schuhe nicht flexibel sein und wie Betonklötze an einem kleben? José schnaubte verzweifelt und sah uns ungläubig zu, wie wir so taten, als hätten wir Schischuhe an. Wir stapften durch den Salon wie Charlie Chaplin auf der Schipiste. José bekam einen Lachanfall. Bei einem Sturz, so erklärten wir, sollte man aus den Schiern geschleudert werden, ansonsten drohe der Knochenbruch durch ein Verdrehen des Beins. Sein Lachen verebbte schlagartig. Ein Schi ist ja fast zwei Meter lang. José nickte, ohne weiter zu fragen, und wischte sich dezent den Angstschweiß von der Stirn. In die Hände kamen noch zwei (imaginäre) Stöcke aus Aluminium, damit man das Gleichgewicht besser halten konnte: Wir zeigten ihm, wie das zu verstehen sei – im Boot-Pantomimen-Stil. Kindheitserinnerungen wurden wach. Die Pisten sind ja normalerweise hart und bei einem Sturz an Gefährlichkeit nicht zu unterschätzen.

„So ähnlich, wie wenn man von fünf Metern Höhe einen Bauchfleck ins Wasser macht", war unsere Erklärung für das Phänomen „Breznreißn" (Niederösterreichisch für: Sturz). Auf die Erklärung der Bewegungen und der Etymologie des Wortes „abchristln" haben wir von vornherein verzichtet. Zu groß war die Sprachbarriere. Der „weiche" Schnee – wie er José so gut gefiel – sei nur eine Erfindung vom Weihnachtsmann und von

Hansi Hinterseer. Nur ein Vollprofi könne im Tiefschnee fahren. Für schifahrende Anfänger aus Andalusien sei Tiefschnee wie Treibsand, erklärten wir. Per YouTube hinterlegten wir unsere Schilderungen mit der harten Realität und einigen für uns sehr lustigen Hoppalas.

José gefiel Hermann Maier besser oder die Typen, die sich aus den Hubschraubern stürzen, um die wilden Gletscher zu bezwingen. Manches konnte er fast nicht glauben. Nur detaillierte Erklärungen von Absicht, Motivation oder der technischen Machbarkeit mancher Wintersportarten machten ihn für die Gefahren und Freuden empfänglich. Vor allem das Rodeln im Eiskanal brachte Josés Augen zum Leuchten. 130 Stundenkilometer?

„¿*Verdad?* Kann das denn Wirklichkeit sein?"

Josés Stimmung wechselte zwischen Fassungslosigkeit, Neugierde und Abscheu vor den Gefahren auf Schnee und Eis. Was war das für ein hartes Leben? Was mussten diese Leute aus dem hohen Norden, die im Eiskanal rodelten, alles ertragen? Es war umso lustiger, die Videos anzuschauen, je mehr sich Josés Gesicht verzerrte.

Schließlich war er für unsere Darstellungen sehr dankbar und setzte auch manche unserer Tipps in den hier vorhandenen Sportgeschäften in die Tat um. Bald schon hatte er sich eine Winterjacke und Moonboots zugelegt. Ja, die darniederliegende Wirtschaft Spaniens wurde durch internationale Beziehungen reanimiert. So läuft das in Zeiten der Globalisierung! Eine Sache legte José uns als Ausgleich dafür aber deutlich ans Herz: Er riet uns dringlichst davon ab, mit dem eigenen Schiff nach Marokko zu fahren. Nicht mit unserer hübschen ILVA, denn das Risiko sei nicht abzuschätzen. Die Bedingungen würden unberechenbar sein. Schweres Wetter war immer möglich. Die Strecke weit und bezüglich möglicher vorgetäuschter Unfälle von Schlepperbanden auch seiner Ansicht nach nicht sicher.

Seine Argumente waren nicht von der Hand zu weisen, und er war sichtlich besorgt um unsere Sicherheit. Wir begannen ernsthaft zu überlegen, ob ein Festhalten an unseren Segelplänen Sinn machen würde oder nur Sorgen. Wir wollten uns ja nichts beweisen und allen anderen auch nicht. Es sollte Spaß bringen und zwar möglichst immer und möglichst allen von uns.

Also gewann die Faulheit für die nächsten Tage gleich nochmals an Auftrieb. Wir gingen zu Fuß in den Hafen nebenan und bestiegen die Fähre. In der Nebensaison war der Andrang minimal. Das beruhigte auch. Der Liegeplatz im Club del Mar war für unser Boot ausgesprochen sicher, die Leute waren freundlich und die Marineros (mit den immer größer werdenden Bäuchen dank Mamaberts kulinarischer Fürsorge) engagiert bei der Betreuung der Yachten. ILVA hatte hier ein gutes Plätzchen, und schließlich schaute José ja auch jeden zweiten Tag auf dem Moped vorbei. So kamen wir nach Marokko: schneller, sicherer und billiger. Keine Sekunde bereuten wir, nicht mit ILVA auf offener See gesegelt zu sein. Die Wellen waren hoch und steil. Der Wind steif. Der Weg trotz der starken Motoren der Fähre scheinbar ewig weit. Und wir, verkeilt in den Sitzen in der Fähre, hatten es gemütlich mit Chips und Erdnüssen. Manche Gäste an Bord taten sich schwer mit der Übelkeit. Wir dagegen waren zum Glück schon anderes gewöhnt.

Gemütlicher Fischverkauf im Fischereihafen von Rabat.

Von Mandarinen, Moscheen und Muezzin-Apps

In Afrika angekommen, gingen wir zum Taxistand. Wir wollten nach Nador, der Stadt mit dem Busbahnhof gleich an der Grenze zu Melilla. Eine Fahrt mit dem Überlandbus war der günstigste Weg nach Fes, und das war das erste Ziel unserer Afrika-Tour. Aber günstig heißt in Marokko eben nicht nur günstig. Einfach „nur günstig" gab es hier nicht. Immer war dabei etwas zu erleben – Nettes, Lustiges, Absurdes –, manchmal auch was Angsteinflößendes, Überraschendes oder gar Kriminelles.

Der erste Kontakt mit Marokko war wie eine Wohltat nach den letzten Wochen auf ILVA. Da waren sie wieder, die wild nach Touristen keilenden Männer. Gar nicht unsympathisch, wenn man wusste, wie man ihr Verhalten deuten sollte und/oder männlichen Geschlechts war. Die Preise für ein Taxi? Phänomenal billig. Wir konnten es kaum glauben. Die Taxifahrer merkten das, blieben aber trotzdem bei ihrem guten Angebot. Wir stiegen ein und bekamen die erste Dosis Marokko ab. Der Taxifahrer erzählte von seinem Leben, von der Stadt, von den Touristen, die zurzeit nicht zahlreich waren.

Bald schon kam der Busbahnhof in Sicht. Neben den Bussen war ein Markt auf dem Boden aufgebaut. Zwischen Altöl und Erde feilschten die Menschen hier um jede Kleinigkeit. Sie schrien sich förmlich die Seele aus dem Leib, zum einen sicher aus Notwendigkeit, zum anderen aber auch aus Tradition und Respekt vor ihrem Gewerbe. Während der Busfahrt bekamen wir von Einheimischen immer wieder erzählt, dass die Mafia hier sehr aktiv im Menschenhandel beteiligt sei. Daher rührten die ganz ganz vielen (und mitunter pittoresk anmutenden)

Rabat zwischen Tradition und Moderne.

Kontrollen im gesamten nördlichen Afrika. Ohne Vorwarnung wurde unser Bus mehrmals angehalten, böse dreinschauende Polizisten durchkämmten den Fahrgast- und den Kofferraum, den ganzen Bus vom Dach bis unter die Bodenplatte. Vielleicht war ja während der Fahrt jemand zugestiegen? Vielleicht aus einem nicht vorhandenen Kanaldeckel gesprungen oder hatte sich von einem Baum abgeseilt?

Nach der siebenstündigen Busfahrt zwischen betenden Männern mit langem Bart und in Camouflagehosen und um Decken feilschenden Omas erreichten wir Fes und waren so erledigt, dass ein Hotel rasch her musste. Bepackt wie Trägerameisen schleppten wir uns nächtens von einem Hotel zum anderen.

Immer wieder hörten wir: *„Un chambre?"* - *„No! We are full!"* - *„Try the one in the next street, they have something for you!"*

Mehrmals wurden wir weggeschickt. Was war denn hier los? In Nador hatte man uns doch gesagt, die Saison sei nicht gut gelaufen? Also schleppten wir uns weiter durch die dunkle Stadt und kamen schließlich dort an, wo man uns einen Platz empfohlen hatte. Beim Anblick der Eingangstür wussten die Reiseerfahrenen unter uns schon, was auf uns zukommen sollte. Aber es war schon fast Mitternacht, und wir wollten uns nur noch hinlegen. Kindbert war tapfer gewesen, aber nun war ihm nach einem Ende des Tages. Zuerst die Fähre, dann die lange Busfahrt, eingekeilt, Bauchweh, dann die Schlepperei. Alles sollte jetzt zu Ende sein. Der Mann von der Rezeption zeigte uns das Zimmer und fragte freundlich, ob wir es haben wollten. Wir wollten. Doch was war das im Bett? Haare, weiße und schwarze Brösel inklusive sonstiger weiß-gelblicher Flecken. Zum Glück hatten wir unsere Schlafsäcke dabei. Nichts mit nackter Haut berühren! Augen zu und durch. Nur für eine Nacht. Okay?

Den tapferen Kindbert hat am nächsten Tag ob der hygienischen Mängel des Zimmers so das Grausen gepackt, dass er sein Trauma nur mittels Fotoreportage bearbeiten konnte. Alle Details des Zimmers wurden von ihm auf Speicherkarte gebannt – für die Oma und seine Schulfreunde. Das Waschbecken getraute sich ohnehin niemand zu berühren. Das Zähneputzen wurde zum lustigen Spiel: Wer würde als Erster irgendwo ankommen? Das Beschauen (aufs Benutzen haben wir verzichtet) von Klo und Dusche war eine kleine Draufgabe. Wie ein Blick in den Keller des Teufels! Tote Käfer mussten sich da mit Sporenpilzen und sonstigen Partikeln jeglicher Art die Plätze teilen. Das Zimmer war insgesamt gar nicht so billig gewesen. Dementsprechend früh machten wir uns hurtig auf in die City – ein Hotel suchen, das zum Bleiben einlud. Mamabert war informiert und organisiert. Sie wusste, was sie wollte. Doch der Plan, wo dies zu finden sei, kam ihr schon an der ersten Ecke in dieser

Alles ruht: Rabat im Winter.

Tausende Jahre alten Stadt abhanden. Erst nach langem Irrweg durch die Medina von Fes konnten wir ein sehr tolles Quartier ergattern. Wir mussten zunächst ein zentrales Büro finden, das diese Quartiere vermittelte. Während wir schon überhaupt nicht mehr daran glaubten, jemals dort anzukommen, waren die ortsansässigen Händler sich ihrer Sache sehr sicher, obwohl uns jeder von ihnen erzählte, dass die Altstadt aus mindestens 5000 Gassen bestand und niemand sie allesamt kannte. Unserem Gespür nach gingen wir stundenlang im Kreis, wobei uns eine unglaubliche Anzahl wechselnder Auskunftspersonen, Kinder, Jugendliche und Greise, letztlich ins Büro der Zimmervermittlung führte. Wir folgten ihren Anweisungen einfach jedes Mal so lange, bis wir erneut nicht mehr weiter wussten. Dann standen wir bei einem Dattelstand, und das Fragen begann von Neuem. Nach einer Stunde Gepäckschlepperei hügelauf und treppab waren wir da. In einer Gasse so breit wie ein Mensch ohne Rucksack. Ohne Hilfe hätten wir da nie hingefunden. Die Menschen in der Medina waren überaus freundlich und wollten auch kein Geld von uns annehmen. Später erst verstanden wir, warum das so war.

Fein war es, so ein schönes, uraltes, palastähnliches Haus zu beziehen. Die Familie wohnte im unteren Stock, die Gästezimmer waren bis hoch hinauf über enge Treppen zu erreichen. Der zentral gelegene Hof in der Mitte des Hauses war nach oben hin offen. Alle Zimmer hatten eigenes Bad, Klo und eine Heizung. Hurra! Von der Dachterrasse des Hotels sah man in eine andere Welt. Das Frühstück wurde ganz oben serviert. Wunderbar! Whisky Maroccain und Muezzin mit Riesenverstärker. Das war ein Tapetenwechsel. Frische Mandarinen, marokkanischer Käse und selbst gemachte Fladenbrote samt Marmelade – ein Gedicht. Wir ließen uns Zeit, um alles ausgiebig zu genießen.

Doch bei allem Komfort für uns Touristen war Marokko auch ein raues Land. Die Männer der Wüste fackelten nicht lang herum mit kleinen Unterschieden. Sie trennten klar, was auf sie zukam. Nahmen, was da war, und die, die da waren, auch gleich mit. So wie der Mann, der uns vom Hotelmanager vorgestellt wurde. Nachdem wir mal ganz lose angefragt hatten, wie viel ein Trip in die Wüste (ein Wunsch von Kindbert) kosten würde, wurde gleich einiges für uns organisiert. Die gute Fee des Hotels kam auf den Gedanken, uns mit einem Bekannten mitzuschicken, der bereits frühmorgens am nächsten Tag in die Wüste fahren sollte und (aber nur ganz zufällig) gleich ein eigenes Hotel und wahrscheinlich auch eine Kamelvermietung am Ende der Welt betrieb.

Also rief man uns mit einem freundlichen: *„Hello! You can come down. There is a nice possibility to get to a des(s)ert."*

Traditionelle Färberei in Fes: Zum Glück gibt's noch keine Geruchsfotos.

Papaberts eifriger Urlaubermagen freute sich sofort auf eine gute marokkanische Nachspeise (Dessert) und riss Mamabert mit sich. Im zentralen Wohnzimmer saßen die Chefin, der Manager und ebenjener Mann. Wo war nun das Dessert geblieben? Hoffentlich würde es bald kommen. War dann aber doch ein Verkaufsgespräch. Wüstentrip?

„*Oui.*"

Kostete anfangs 1400 und nach einer Stunde Unterhaltung nur noch 400 Dirham. „*Offre*", Hotel nur 200, alles inklusive. Erst jetzt verstand Papabert, dass es nicht um das Dessert ging, sondern um den Besuch der Wüste: *desert*. Welchen Unterschied so ein kleines „s" doch ausmacht. Auf dem Tisch war dennoch von einer Nachspeise eine Spur.

Acht Stunden Autofahrt über den niederen Atlas bei Schnee? Acht Stunden gegen Kindberts Brechreiz bei unruhigen Autofahrten ankämpfen und dabei noch ertragen, dass es auch länger dauern könnte? Erinnerungen an den guten alten Saverio in Reggio wurden wach. Wenn wir diese Geschichte, die wir damals erlebt haben, in die Wüste verlegen, na denn prost. Am Ende der Welt gibt's keine Alternative und auch keine Flucht. Schade, Mamabert sah sich schon auf einem Kamel. Ihr alter Traum sollte dann aber die restliche Familie nicht zu Tode quälen.

Gräber ohne Namen auf dem Friedhof
von Rabat.

Marktwirtschaft de Maroc

Die Marktwirtschaft kannte hierzulande keine Grenzen. Scheinbar alles wurde zu Geld, war Geld oder sah zumindest so aus wie Geld. Jedes noch so kleine Bedürfnis von jedem noch so kleinen Menschen wurde genutzt, um zu wirtschaften, um zu überleben. Das Dienstleitungsgewerbe schien in Nordafrika erfunden worden zu sein. Die Menschen entwickelten einen fantastischen Einfallsreichtum. Niemand, so kam es uns vor, stand irgendwo zum Selbstzweck oder aus purem Interesse herum, sondern weil er auf jemanden oder irgendetwas wartete, wofür er sofort seine Dienste anbot. Dies konnte eine Führung durch die Medina genauso betreffen wie das Halten von Leinen im Hafen der Fischer, eine Fahrt im gemieteten Auto, das Ausfüllen von Visa-Anträgen an der Grenze, die Bewachung geparkter Esel oder die Organisation eines Straßenfußballspiels. Die Fülle an Möglichkeiten zum Einsatz der eigenen oder fremden Arbeitskraft war überwältigend.

Nicht immer war von Anfang an klar, dass es sich bei der vorigen Handlung (meist ungefragt getätigt) um eine Dienstleistung handelte. Was zu Verwirrungen und öffentlich ausgetragenen Disputen führen konnte. Vor allem wenn Schulkinder hinter Touristen hergingen, um diese kurz vor dem Museum zu überholen mit der Behauptung, sie hätten eine Führung vorgenommen und wollten dafür nun Bakschisch.

Melilla: Für wen steht dieses Freiheitsdenkmal?

Auf der Plaza de España in Melilla könnte man vom Fußboden essen (folgende Doppelseite).

In Fes kamen wir in der Medina ganz gut durch die Tage, weil Kindbert einen Andockpunkt in die Herzen der ortsansässigen Kinder fand: Sie hielten ihn allesamt für ein blondes Mädel,

das ganz passabel Fußball spielen konnte. Eine Wegkreuzung in der Medina diente als Fußballplatz. Das Tor war eine Mauer neben einem Mofa. Dazwischen gingen Tausende Leute durch das „Spielfeld". Der Ball wurde so hart gespielt wie bei der Weltmeisterschaft. Immer wieder ging jemand vorbei, der auch kurz mitspielte, ob Bursche oder Opa. Auch so manche Frau wagte einen Tritt aufs Leder. Die Freude daran überwog.

Natürlich hatten wir viel mehr Zeit als die hart arbeitenden Menschen. Immer wenn jemand inbrünstig Handel treiben wollte, ließen wir uns gemütlich am Straßenrand nieder und warteten einfach ab, bis ein anderes Touri-Paar vorbeieilte. Sofort hefteten sich die Gaukler und selbst berufenen Helfer in der Not (manchmal auch zufällig Zigaretten- oder Taschentuchverkäufer) an die Fersen der orientierungslosen Menschen, die in der komplizierten Medina nicht mehr weiterwussten. Bei denen war auch sicherlich mehr Geld zu holen als bei uns. Viele Touristen waren wirklich schön gekleidet, im Minirock oder in Survival-Ausrüstung à la MacGyver, mit tollem Fotoapparat oder Videokamera in der Hand und sichtlich bemüht, sich die Händler vom Leib zu halten. Wir konnten den vorbeieilenden Touris nur mitleidig nachschauen und zum Abschied freundlich winken. Wer im Land der Händler aussieht, als hätte er ein Bedürfnis, wird sofort und mit aller Indrunst bedient, egal ob er das will oder nicht. Tut uns leid, Touri-Kollegen ...

Die anfänglich scheinbare Gier nach Geschäften entwickelte sich schon nach wenigen Tagen zu einer angenehmen mitmenschlichen Atmosphäre. War man erst mal ein paar Tage hier, freundlich gesinnt, offen für die anderen und für ihre Probleme, dann fühlte man sich rasch gut aufgehoben und wohl. Dann merkten wir auch, dass hier nicht alles nur auf Geld oder den Handel ausgerichtet war. Dann spürten wir die Menschlichkeit, die Ironie des Daseins in wirtschaftlich harten Zeiten und das Gefühl für die wahren Werte im Leben.

Nur eines hat unserem Kindbert in Marokko dauerhaft schlimm zugesetzt: Der Mann-Frau-Indikator „Haar" hat seine geschlechtliche Identität immer wieder harten Prüfungen unterzogen. Sein langes blondes Wallehaar wies ihn im nordafrikanischen Kulturkreis eindeutig dem weiblichen Geschlecht zu. Mit der Auswirkung, dass man uns auch nach mehrmaligem Kundtun nicht glaubte, dass er ein Junge war, und man ihn immer auch als Mädchen ansprach. Manchmal ließen ihn Kinder nicht mitspielen, oder man vertrieb ihn aus der Männertoilette. Armer Kerl, das war hart. Zusätzlich fanden auch immer wieder streichelwütige Hände auf den Märkten den Weg in sein Haar. Er wurde kurz getätschelt oder gezupft. Konnten wir jemanden davon überzeugen, dass er tatsächlich ein Junge war, wurden wir milde belächelt. Manchmal haben wir der Einfachheit halber einfach gesagt, er sei ein Mädchen. Kreischende oder ungläubig dreinschauende Mädels gab's oft, wenn Kindbert Fußball spielte.

„So viele Bewunderer hab' ich selten", meinte Kindbert nicht ohne einen Anflug von Selbstzufriedenheit.

Ja, ja, kein Vorteil ohne Nachteil.

Politisch war hier ziemlich was im Gange. Das spürte man, wenn man durch die Straßen ging, oder wenn man vom Hotelmanager zu einem Tee eingeladen wurde. Mostafa, ein junger, dürrer Intellektueller, der uns aufrichtig in der Pension betreute, erzählte uns stolz und begeistert vom vorigen gestrengen König, Mohammed dem Fünften. Der jetzige König, Mohammed der Sechste, sei viel zu liberal. Mit dem gehe das Land langsam den Bach runter. So viel Freiheit sei nicht gut für Marokko. Viel zu nett sei der. Mohammed der Fünfte sei viel besser gewesen – ungefähr so wie Hitler. Das war der Zeitpunkt, als sich Mamabert an ihrem Marzipankipferl verschluckte. Unser Gegenüber hatte aber anscheinend bemerkt, dass seine Meldung nicht ganz so gut bei uns angekommen war, und schwenkte vom Thema ab. Trotz unserer Versuche, mehr darüber zu erfahren, war nichts mehr aus Mostafa herauszubekommen. Schade. Dass Mamabert auch immer husten muss!

Zu unserer Unfreude haben wir dann ein paar Tage später in den Straßen-, Zeitungs- und Buchständen diverse „Mein Kampf"-Exemplare offen ausgebreitet und auf Arabisch übersetzt entdeckt. Kranke Ideologien waren hier anscheinend im Umlauf, und mit Stolz redete man darüber, sogar mit den Touristen vom Ach-so-lieben Österreich. So auch ein junger Mann aus einer reichen Berberfamilie (sein Vater war marokkanischer General), der mit uns ein Abteil im Nachtzug von Rabat nach Melilla teilte.

Er begrüßte uns freundlich: *„Oh, you are from Austria? I like Austria, because the people there are all rassists. I like you."*

Wie war das? Er mochte uns, weil er alle Österreicher und uns für Rassisten hielt? Verdammt, was ging hier ab? Was war hier verkehrt? Bei der Zugfahrt hatten wir für zehn Stunden das Vergnügen, neben ihm zu sitzen und über dieses und jenes zu plaudern. Auf kritische Fragen hatte er natürlich keine Antwort parat, war sonst aber guten Mutes, dass sich die Zeiten doch noch zum Besseren wenden würden. Na ja, für wen, das war hier die Frage. Wir waren jedenfalls froh, dem Zug und auch dem Typen zu entkommen. Aber so ist das nun mal. Wenn man Fremdes sucht, kann man mitunter auch Befremdliches finden.

Massentransportmittel gelten ja als Boten und Denkmäler eines Zeitalters liberaler, westlicher Orientierung und stabiler, aufstrebender Wirtschaft. Es gab große Überlandbusse, moderne Züge mit Liegewagen und sogar zwei Straßenbahnlinien in der Hauptstadt Rabat. Der Bert-Test dieser Fortbewegungsmittel ergab: Wer landestypisch reisen möchte, nimmt den Bus, weil er auch das billigste Transportmittel von A nach B und zeitnah verfügbar ist und überall hinkommt. Aber nur, wenn man weiß wann und vor allem wie. So reisten wir Berts auch schon mal zwischen Einmachgläsern und Wolldecken sowie Nesquick-Großpackungen, die über, unter und neben uns auf den Sitzplätzen verstaut worden waren. Zum Glück wurde darauf verzichtet, Tiere in toter oder lebendiger Form mitzunehmen. Der Bus fuhr aber erst ab, wenn er voll war – egal ob mit Mensch oder Material. Das ist natürlich auch wirtschaftlicher und zeugt vom Organisationsvermögen der Marokkaner. Verschwendet wurde hier nichts, kein Kubikzentimeter in dieser fahrenden Kiste.

Eine zeitsichere, luxuriösere und etwas teurere Version war es, Zug zu fahren. Wer erster Klasse reiste, hatte auch einen Sitzplatz, ohne Aufpreis. Im Zug lebte man fast frei von überraschenden Gerüchen und hatte ausreichend Platz auch für längere Fahrten. Papabert fiel zwar das Kopfteil seines Sitzes auf die Birne, doch alle anderen Gegenstände im Abteil überstanden die Benützung ohne Schaden. Auch die schon lose Fensterdichtung von unserem Abteil hat die zehn Stunden Fahrt überlebt.

In Rabat fuhren wir auch noch mit der modernsten Straßenbahn, in die wir je gestiegen sind. Nagelneu mit neuer Brücke über das ebenfalls neu angelegte Marina-Hafengelände – inklusive einer neuen Wohnhausanlage im Stil „Nicht-ganz-Fertigbau". Die Häuser sahen aus wie im Bauhaus-Stil, kubistisch, mit viel Glas und so. Dazwischen wurde eine Straße mit Laternen angelegt. Das sah ein bisschen nach Wien-Donaustadt aus, nur ohne Mülltonnen. Unangenehm war manchmal, dass in Rabat und Fes überall von Männern jeden Alters öffentlich uriniert wurde. Männer standen in Häuserecken, an Mauern, an irgendwelchen baulichen Gegebenheiten oder Bäumen und ließen es laufen, ob wir vorbeigingen oder nicht. Es sah manchmal aus, als seien die alten Stadtmauern an einigen Stellen vom Boden bis auf einen Meter Höhe feucht, quasi mit Urin vollgesogen. Der Geruch war beachtlich – aber natürlich: Wo war schon ein Klo zu finden? In der Medina? Jep, aber die war weit weg. Ein anderes öffentliches Klo war noch irgendwo abgelegen hinter zwei Lagerräumen und dem Hendlstandl (Niederösterreichisch für: Bude, die Hühner grillt) zu entdecken. Das war auch uns fast zu weit. Aber: Saubere Klos gab es doch. Zum Beispiel im amerikanischen Lokal mit dem großen goldenen M (für welches wir sicherlich keine Werbung machen wollen). Das gibt es in jeder

Stadt, und alles (bis auf die Soßen) schmeckte wie daheim. Aus den Augen der Kunden leuchtete ein Funke Stolz über den gehobenen Standard und den sozialen Aufstieg. Nirgendwo sonst haben wir eine so hohe Dichte an gut gekleideten, iPhone-bewaffneten Menschenansammlungen gesehen wie dort. Das goldene M hatte auch die saubersten Tische, perfekt gereinigte Klos und Kinderspiel-Arenen, die sich sehen lassen konnten. Wir Berts waren die einzigen Touristen dort und wurden dennoch weder beschaut noch von Händlern überfallen. Das große M – wo das Handeln ein Ende hat.

Nach fast zwei Wochen in Marokko wollten wir noch zurück nach Melilla. Auf einem kleinen Zipfel im Mittelmeer, auf den 13 Quadratkilometern tummelten sich etwa 80 000 Spanier mit allem, was dazugehört. Der Kolonialismus wurde hier gelebt und war sogar für den Otto-Normaltouristen spürbar. Handeln wollte in Melilla niemand mehr, und auch einen Whisky Maroccain suchte man vergeblich. Abgrenzung war die Devise, geografisch und gesellschaftlich. Der Verkehr in der Stadt war ungefähr so stark wie am Wiener Gürtel zur Mittagszeit. Wo die alle hinfuhren? Weit konnte es nicht sein, denn viele Spanier fuhren nicht über die Grenze. Die bestand aus mehreren fünf bis acht Meter hohen Zäunen, stark bewacht mit Nachtsichtgeräten und Gewehren. EU-Außengrenze zu Afrika.

Die Stadt wirkte wie aus dem Disney-Bilderbuch, viktorianisch, stylisch und vorweihnachtlich geschmückt – erinnerte irgendwie an Barcelona. Was aber keinen Informierten wirklich verwundert, weil beinahe alle Gebäude von ein und demselben Architekten stammen. *One size fits all!* Dies galt auch jetzt noch und nicht nur für Gebäude. Alle Spanier waren hier ordentlich und so wohlerzogen wie in Europa. Kein Mäderl ohne Mascherl im Haar, keine Dame ohne hohe Hacken, kein Familienoberhaupt ohne großes Auto. Ferrari-Kinderwagen wurden stolz von Vorzeige-Omas an hell erleuchteten Schaufenstern vorbeigeschoben.

Wir Berts fanden es dort sehr teuer (entgegen den Meldungen vom billigen Einkaufen dank Zollfreizone) und etwas gekünstelt. Es gab nichts, was man nicht kriegen konnte, samt allen gefälschten Markenklamotten. Dennoch war diese Stadt sehr sehenswert. Wunderschöne Parkanlagen, ein prächtiges Fort, errichtet während mehrerer Jahrhunderte, und ein schicker Yachtclub zierten das Hafengelände mit Badeterrasse samt Badeleiter ins wenig saubere Hafenbecken. Wie viel musste man wohl zahlen, um da ein „Öl-Bad" genießen zu können? Nebenan, im Yachthafen für Otto-Normalverbraucher, sah es nicht ganz so hinreißend aus. Und auch der öffentliche Strand war stark vermüllt. Viele Schiffe und Yachten lagen an Land, zerstückelt, ausgemergelt, zurückgelassen, in Teilen oder im Ganzen. Gleich am Entree zur Hauptstraße in Melilla, 50 Meter nach der Plaza de España, stand das Freiheitsdenkmal. *„Un Grande Libre"* war obendrauf gemalt. Die große Freiheit wurde hoch zelebriert in der engen Kolonialstadt, umzäunt wie ein Hochsicherheitstrakt und abgeschottet vom Rest des Kontinents. Wir wussten nicht ganz, wie diese Freiheit gemeint war, und auch nicht, für wen sie gelten sollte. Denn auf beiden Seiten sahen wir nur Menschen hinter hohen Zäunen.

Nach unserer Rückkehr aus Marokko bereitete sich auch Almería auf das katholische Freudenfest am 24. Dezember vor. Im Sportzentrum und in der Hafenanlage wurde hurtig die kitschige Dekoration verstärkt. Auch das Stadtzentrum verschönte jetzt ein riesiger Weihnachtsbaum. Der bestand aus einem Eisengerüst in Form eines perfekten Kegels so hoch wie ein Kirchturm. Nadelbaumzweige aus Plastik wurden liebevoll drangebunden und mit überdimensionalen Maschen, Kugeln und Blinklichtern verziert. Das war ja feierlich! Nur der Schnee fehlte noch, so wie jedes Jahr. Das war für uns aber gerade das Schönste an der Sache.

Die wöchentlichen Clubregatten fielen nun aus, die Damen und Herren hatten wirklich Wichtigeres zu tun. Nicht zuletzt kehrten jetzt die Verwandten heim, welche zu Arbeits- und Studienzwecken irgendwo in der Welt ihren Brötchen nachjagten. Dementsprechend voll war es rund um den Bahnhof. Auch in den Autovermietungen brauchte man Glück, wenn man ein billiges Auto ergattern wollte. Wir fanden trotz des großen Andrangs bald ein Mietauto, das unseren lieben Gästen gewachsen sein würde. So konnten wir uns auf Weihnachten konzentrieren: Strandspaziergänge, Wanderungen, Fische füttern, Milchshakes schlürfen. Na ja, auch alltägliche Dinge haben wir noch erledigt: Der Unterricht für Kindbert musste angekurbelt werden, damit auch ein Unterschied zu den anstehenden Ferien spürbar wurde. Nach dem Lotterleben in Marokko war das gar nicht so einfach. Die Wäsche wollte gewaschen werden, Ma mabert buk Unmengen von Keksen, die unglaublich schnell weg waren. Kaum zu glauben, wie diebisch die Fische und Möwen rund ums Boot sein konnten. Das war wenigstens die Erklärung der männlichen Besatzung, deren Bäuche schon gewaltige Rundungen zeigten. Auch für die nötige Dekoration an Bord wurde gesorgt. Eine Unmenge an weißen Muscheln mit durchgeschliffenem Gelenk musste her, um damit ein von Mamabert in der Stadt erworbenes tannenförmiges Gestell zu bekleiden. Weihnachten ohne Baum, das ging nicht an. ILVA wollte noch geputzt werden, und die vielen herumliegenden Dinge brauchten ein Plätzchen. Schließlich hatten wir für die nächsten zwei Wochen volles Schiff: Zunächst wollte Kindberts Oma der österreichischen Kälte entkommen, im Anschluss unsere Freunde, eine vierköpfige Familie. ILVA waren auch sieben Köpfe nicht zu viel.

Wem die Stunde schlägt – Almería tschüs baba

Auf Vorwindkurs (Butterfly) zu den nördlicheren Gefilden – hier noch (fast) ohne Wind.

Die Tage vergingen wie im Flug. Schon war es Ende Jänner 2014. Und einer bitteren Wahrheit mussten wir ins Auge sehen: Mehr als die Hälfte der Familienauszeit war bereits vergangen. Eigentlich nicht vorstellbar – wir waren ja noch gar nicht so weit gefahren. Almería markierte den westlichsten Punkt unserer Reise, sieht man mal von unseglerischen Seitensprüngen nach Gibraltar und Marokko ab.

Wem die Stunde schlägt? Nein, ganz so weit ging es bei uns nicht, aber dennoch: Unsere Stunde hatte geschlagen, das fühlten wir deutlich. Es wurde resümiert, was denn alles erlebt und geschafft worden war, was „im schwarzen Album mit dem silbernen Knopf" mit sollte ins weitere Leben, wenn wir wieder täglich in der Früh ins Hamsterrad steigen würden in dem Glauben, es sei eine Karriereleiter. Wir machten wieder mal klar Schiff. Alles neu verstauen und fix fixieren. Tausende Grib-Files-Downloads dieser Tage ließen unsere Köpfe anschwellen. Würde das Hoch groß genug sein, um ein gutes Stück weit nach Osten zu kommen, der Wind gnädig, die Elemente so weit kalm, dass wir nicht permanent glauben mussten, einen Seenotfall zu haben? Außerdem hieß es: Alles anstellen zur großen Geräteparade. Waren alle mechanischen und elektronischen Helferlein nach der großen Pause noch arbeitswillig? Alles dicht, geschmiert, funkig, dreh- und schwenkbar? War die Maschine noch einwandfrei und klopffest? Seit Monaten zogen wir erstmals wieder an den Segeln, ließen sie rauf und runter, schmierten die Rollreffanlage, das Ruderlager, die Stopfbuchse. Es dauerte scheinbar ewig, den legalen Weg für die Entledigung einer italienischen Gasflasche herauszufinden. Für alle noch Unwissenden: Hinter der Plane rechts im Club del Mar in Almería durften auch die landesfremden leeren oder halbleeren Gasflaschen abgestellt werden.

Es wollten auch alle hier gewonnenen Freunde ordnungsgemäß abschiedsgeküsst und selbstverständlich „abschieds-mohn-bestrudelt" werden. Mohn gab's hierzulande nicht. Aber es gab gute Rückmeldungen von den Spaniern. Wir waren nämlich einige Tage vor unserer Abreise bei einer großen Geburtstagsparty eines Yachtnachbarn eingeladen gewesen. Die kulinarischen Auswüchse auf der Party waren echt toll, auch der Wein und auch unser mitgebrachter Mohnstrudel. Einige Gäste gaben an, so etwas schon mal gegessen oder gesehen zu haben. Für viele aber war Mohn nur Opium, eine Droge zum Spritzen oder Rauchen, nicht aber ein *postre* (Nachtisch). Vielleicht haben ihn deswegen alle so gemocht, eventuell lag es aber auch nur an der Sprachbarriere oder an der spanischen Höflichkeit. Wir versicherten jedenfalls, dass von dem illegalen Zeug da sicher nichts drin ist. Wir waren ja auch (fast) nicht süchtig nach Mohnstrudel.

Unzählige Male lief Papabert mit Trinkwasserflaschen zwischen El Arbol (dem Nahversorger in der Nähe des Hafens) und ILVA hin und her. Man hätte fast glauben können, wir müssten in die andere Richtung, doch über den Atlantik. Aber auch im Mittelmeer würde es wieder lange dauern, bis der Weg vom Boot zum Flaschenwasser ein so kurzer sein würde wie hier. Es wurde vorgekocht: spanischer Eintopf *del capitano,* was sonst. Am ersten Segeltag nach drei Monaten sollte es niemandem an Futter mangeln! Recherchen wurden angestellt. Wo lag der nächste Hafen der Wahl, welcher war überhaupt anlaufbar, in der Winterzeit geöffnet? Wir saßen mit José bei einer Abendjause im Salon und sprachen über die weitere Reiseroute. Er kannte sich ja an den Küsten Spaniens bestens aus. Einige Empfehlungen später begannen wir herumzutelefonieren. Wir wollten ja nicht wieder in Häfen einlaufen, die aufgelassen, geschlossen oder gar als gefährliche unsichtbare Rammobjekte quasi extra installiert waren.

Tja, die Dichte an Häfen war vor allem nach dem Cabo de Gata enorm, aber dennoch war nicht jeder Port für Yachten zugänglich. José half uns aus und telefonierte. Er fragte nach sicheren Stellplätzen oder Alternativen. So hatten wir bald die ersten Möglichkeiten fixiert und freuten uns über die gewonnene Sicherheit. Zum Trost und gegen den Abschiedsschmerz gingen wir nochmals in Papaberts Lieblingsrestaurant „La Cabaña del Tio Tom!" gleich am Strand. Viele Male schon war uns diese Billig-Tapas-Bar empfohlen worden, oft waren wir hier gewesen, mit oder ohne Besuch. Sie öffnete täglich um acht. Eine Viertelstunde vorher standen schon mindestens 30 Menschen in der Schlange, um nach dem Öffnen der Tore wie Fliegen über die Tische herzufallen. Zwei Minuten später war das Lokal voll und blieb es, bis es Schluss machte. Die Menge der hier rein und raus gehenden Kunden war enorm. Hier gab es um zwei Euro dreißig eine großzügige Portion Tapas samt einem Getränk. Eine zweite Portion vervollständigte das Menü. Kindbert bestellte dort zum wiederholten Mal *„Pasta fresca con nata"* und hatte sichtlich Freude.

Nach einem ausgiebigen Frühstück der Crew und einer Tankfüllung für ILVA samt Abschiedsfoto (mit geschenktem Almería-Kapperl aus dem Club del Mar) ging es unerbittlich los. Fast hätten wir ein Enteisungsspray oder ein bisschen Kriechöl gebraucht. Wir waren richtig festgewachsen in Almería, der Stadt, in der Tomatito am Strand Fußball gespielt hat, der genialste Flamenco-Gitarrist der Welt. Der Bulería lebt! Dann befanden wir uns schneller und früher als erwartet in der altbekannten Routine: Kurs 210° – nach Osten. Obwohl jeder etwas Wehmut spürte, gewann die Freude bald wieder Oberhand. Ja, wir freuten uns, wieder auf dem Meer zu sein. ILVA pfiff durchs Wasser. Jeder tat, was er konnte, um zum Fahrtenglück beizutragen. Kindbert lag im Salon herum und zog sich ein Video rein, Mamabert schaute versonnen aufs Meer, Papabert bestaunte die Küste und knipste noch eifrig, bis der Fotoapparat aufgab. Ja, kein Scherz. Wir faulenzten ausgiebig, weil ILVA sofort wieder fast wie von allein fuhr. Schön war so das Seglerleben – wenn alles funktioniert und man den inneren Schweinehund besiegt!

Wege nach Nordost – ungewohnte Höhen und Tiefen

25. Jänner 2014. Aus der Bucht von Almería ging es vorbei am Cabo de Gata, das wir zum ersten Mal vom Meer aus sahen. Weichgezeichnete Täler, Palmenhaine, eruptierte Bergformationen, schwarz, rot, weiß, in allen Farben. Dieser Teil Spaniens soll jung sein, vulkanisch. Trotz der enormen Trockenheit wächst überall etwas, total reißfeste Gräser zum Beispiel. Daraus hat man früher Körbe und Kleidung gemacht. Kindbert und Papabert testeten die Reißfestigkeit und waren überrascht. Damit könnte man eine Yacht abschleppen. Oder sich in den Finger schneiden.

Auf Vorwindkurs, mit 15 Knoten Wind, sechs Knoten Fahrt, ausgebaumter Genua und einem starken Schwell von hinten rauschten wir knapp an den Felsen mit ihren wunderschönen Zeichnungen vorbei. Wortlos wurde beschlossen, hier noch mal vorbeizukommen, irgendwann, irgendwie. ILVA musste bei ihren ersten Ausflügen nach drei Monaten des Stillliegens einiges ertragen: hohe Wellen, Sturm, Böen, dann wieder wenig Wind von hinten, Wellen von vorn, kleine Hafenausfahrten direkt hinter den Kaimauern um die Ecke. Seitdem weiß auch Kindbert, was ein spitzer Winkel ist. Segel hoch, Segel runter, halsen, wenden, war die Wellenbremse nun endlich fixiert? Noch mal in den Wind schießen und die ausgebaumte Genua runternehmen! Jeder Segeltag verging mit dem Anpassen der Ausrüstung, einer immerwährenden Beschäftigung. Das Wetter, der Wind, die Temperaturen, alles schlug nun viel schneller und abrupter um als noch in Almería. Anscheinend war das Segeln im Winter im Mittelmeer mit einem Badehosentörn im Hochsommer

Winterliches Segeln.

nicht zu vergleichen. Der Horizont sah manchmal aus wie die Zacken einer Säge. Wieder einmal dachten wir, dass dies den Zeitpunkt markierte, an dem wir zu echten Seglern wurden. So sahen wir auch aus, im Ölzeug, eingemummt bis obenhin, darunter warme Kleidung, warmen Tee in der Hand, nach Wärme lechzend. Allerdings war es auch schön, sich diesen Elementen auszusetzen und nicht um jedes Lüftchen kämpfen zu müssen. Wind war meist keine Mangelware, eher war jetzt wichtig, aus welcher Richtung er kam. Solange er uns von hinten beglückte, konnten es gern 20 Knoten (Windstärke 4) sein, das ging mit der Genua allein ganz gut. Manchmal waren es auch mehr. Und so zogen wir auf instabilen Vorwindkursen Richtung Nordost. Meistens hatten wir das Glück, Starkwind aus der richtigen Richtung serviert zu bekommen. So sparten wir Diesel und machten Seemeilen Richtung Barcelona gut.

Barcelona ist hier deswegen wichtig, weil wir immer schon mal dorthin wollten. Jetzt ergab sich eine gute Gelegenheit, gleich mit dem eigenen Wohnzimmer zu kommen. Das mussten wir einfach ein bisschen in die Länge ziehen. Aber so weit waren wir noch nicht. Wir hatten erst den ersten Hafen nach Almería erreicht, San José, und waren gleich mal überrascht von den schroffen Bedingungen. 22 Seemeilen, ein Katzensprung.

Nach erfolgter seemännischer Arbeit hatten wir in San José noch Zeit, in den Ort zu spazieren. Ein kleiner Hauptplatz eignete sich ideal zum Fußballspielen. Kinder und Erwachsene spielten mitsammen. Wir schlenderten am Strand herum und erfreuten uns an den romantischen Häusern, die in den Siebzigerjahren mit viel Glas in die Hänge gebaut worden waren. Die Saison war schon lange vorbei, fast alles war geschlossen, die Leute lebten hier dementsprechend entspannt. Nur ein einziger Tante-Emma-Laden hatte noch geöffnet. Massive, teils hochtechnisierte Rollläden vor den Fenstern zeugten von den Temperaturen im Sommer. Gleich um die Ecke lag die Wüste.

Am zweiten Liegetag im Hafen von San José begann es, stark zu regnen. Das ergab mit dem Starkwind aus Osten eine fiese Mischung. Unsere Stimmung war getrübt. Obwohl wir hier längsseits an der Betonpier lagen, vibrierte ILVA, als würde sie von einem Lastwagen mit kaputten Reifen auf einer Schotterstraße transportiert werden. Kleine kabbelige Wellen durchspülten das Hafenbecken und ließen die Boote an ihren Festmachern reißen. Zum Glück gab es hier Warmwasser in der Dusche. Die 50 Meter zu den *aseos*, den Waschräumen, kamen uns weit vor, ohne Seglerkleidung waren wir bis auf die Haut durchnässt und durchgefroren. Schon in wenigen Tagen sollten wir in Mazarrón, einem Nobelort in der Nähe von Cartagena, Besuch aus Wien

Gäste bringen immer frischen Wind. Wir würden so ein Foto nie machen!

bekommen. Und darauf freuten wir uns riesig. Der Wetterbericht versprach gutes Segelwetter, übermorgen – damit würden wir gerade rechtzeitig ankommen. Ein bisschen Abwechslung in der Bude, Spaß, Spiele, Energie, Party. Wir wollten auf keinen Fall unpünktlich sein. 60 Seemeilen lagen noch vor uns.

Wir kletterten auf die Felsen, die den Ort vor den Brechern schützten, und schauten auf die See. Irgendwie ungut, Kindbert und Mamabert sahen sich an. Das sah echt schlimm aus. Die Zähne können wir jetzt schon mal zusammenbeißen, sagten wir uns. Vielleicht hilft das ja über das Schlimmste hinweg? Aufräumen, Festmacher bereitlegen, Segel vorbereiten, vorkochen, Kaffee machen, Ölzeug bereitlegen, Kindberts elektronische Unterhaltungshelfer auf Standby schalten, Grib-Files downloaden und darauf hoffen, dass der Wind nicht noch mehr zunimmt, das war so ungefähr der Plan beim winterlichen Vorwärtskommen.

Freche Vögel begleiteten uns nun immer wieder für längere Zeit. Sie überholen uns im Flug, um sich vor uns ins Meer zu setzen und zu warten. Es gab scheinbar unzählige Arten davon, auch welche, die wir im Sommer nie gesehen hatten; große Graue, kleine Weiße, manchmal mit riesigen Schnäbeln oder schönen Zeichnungen. Einige schlugen knapp neben uns aus großer Höhe ins Meer ein, um sich einen Fisch zu holen. Das war ornithologisch wertvoll. Dafür waren die Delfine schon lange verschwunden. Kein einziger ließ sich mehr blicken. Auch Schildkröten hatten sich zum Winterschlaf verkrümelt. Ganze Vogelkolonien machten sich in unserer Fahrrinne breit und freuten sich ihres Daseins. Manche ruderten auch dann nur widerwillig davon, wenn wir genau auf sie zuhielten. Keiner legte einen Wasserstart für uns hin – schade. Die gewitzten Flieger wussten anscheinend ganz genau, dass unsere Yacht keine Rennmaschine war. Ein Mondfisch paddelte schräg an uns vorbei. Ob unsere Freunde wohl schon gelandet waren?

Die Tiger von Calpe

6. Februar 2014. Ein bisschen Wehmut blieb zurück, als wir unseren liebgewonnenen Gästen früh am Morgen beim Taxistand in Richtung Flughafen nachwinkten. Kindberts Onkel und seine Freundin hatten sich einen Segelurlaub auf ILVA mitsamt ihrer Bert-Crew gegönnt und waren nun unterwegs nach Afrika. Per Flugzeug. Sieben Tage Segeln und Spaß lagen hinter uns. Schon wenige Stunden nach der Abschiedszeremonie kam eine SMS: „Sitzen bei Shisha und Tajine in Marrakesch, bummeln dann durch die Stadt." Und wir? Saßen nur wenige Seemeilen nördlich unseres Abschiedsorts in der Nähe der Küste bei Chips und Tee im Cockpit bei Windstärke 2 aus Süd. Kindbert hatte sich mit einem Buch in der Ecke beim Steuerstand verkeilt (wow, vielleicht wird er doch noch ein Leser?). Mamabert sah verträumt aufs Meer, Papabert machte im Salon ein Nickerchen und träumte von einer Shisha mit extradicken Saugrohren. Das waren eben die feinen Unterschiede des Reisens.

Das Wetter sollte nicht lange so bleiben. Schon bald frischte der Wind auf. Starkwindbedingungen. Die Windfahne mühte sich ab, gegen die hohen Wellen von hinten Kurs zu halten. Nach Alicante war es vorbei mit der herrlichen andalusischen Sonne, mit der Trockenheit, der Klarheit des Himmels, den angenehmen Abenden. Schon bald stand eindeutig fest: Hier kommen wir wieder zurück nach Europa! Wir froren nämlich beim Segeln.

Kurz vor der Hafeneinfahrt in die Marina von Calpe war die Pumpe unseres Schiffsklos kaputtgegangen – der Hebel brach ab. War das Materialermüdung? Keine Ahnung. Vielleicht war die Pumpe schon von Urinstein durchsetzt, wer weiß? Einen Ersatzhebel hatten wir jedenfalls nicht an Bord. Also waren wir ab jetzt nicht nur auf unseren „Kübel des Grauens" angewiesen, sondern auch noch auf die traditionelle Pütz, wie sie seit Jahrtausenden technikfreie Erleichterungen auf Schiffen beschert. Dies erforderte gewitzte wie auch risikoreiche Lösungen, damit die Blasen nicht platzten. Die Pütz hat ja enorm viele Vorteile. Sie ist schnell bereit gestellt, geht nie kaputt und ist zu hundert Prozent dicht. Die Hafentoilette bekam plötzlich eine andere Wertigkeit. Und was dann noch geschah, ist durchaus erzählenswert – und es passierte uns nur einmal während dieser Reise: In Almería hatten wir ja schon viele Jollen mit kleinen Crews gesehen, die sich ohne Motor gegen den Wind durchs enge Hafengelände nach draußen kämpften. Daher dachten wir uns auch hier nichts Böses dabei, als sich die motivierten Wassersportler im starken Wind gegenan aus der Hafenbucht freisegelten, knapp vorbei an unserem Heck.

Nachdem wir uns zum Essen in den warmen Schiffsbauch zurückgezogen hatten (mittlerweile hielten zwei elektrische Radiatoren unsere Gehirne eisfrei), sahen wir durch unsere Salonfenster plötzlich eine riesige weiße Genua, ganz nahe bei unserem Heck, unnatürlich nahe. Papabert sprang hoch. Gerade eben noch bei Tisch gesessen, setzte er an zu einem rekordverdächtigen Decksweitsprung nach hinten, um die eifrigen Jollensegler, die allesamt ziemlich erfahren oder zumindest erfahrener aussahen als wir, anzuschreien – ohne Skrupel ob ihrer tollen Seglerbekleidung, ihren hohen Haaransätzen und ihrer großen Anzahl. Mamabert und Kindbert waren hinter ihm her. Weniger aufgebracht, weniger geladen, Mamabert in ihren Hüttensocken mit Herz und Kindbert in löchriger Jogginghose und unfrisiert. Was war da abgegangen?

Als die Briten ihre Jolle mit einer Wende im engen Hafenbecken gegen den Wind ins offene Meer hinausmanövrieren wollten, krachten sie voller Freude gegen unser schönes Heck und rammten mit ihrem Großbaum fast noch den Außenborder von unserer Reling. Frohen Muts waren sie ohne Flautenschieber und auch ohne Leinen oder Fender ausgebracht zu haben nur bis zur nächsten Ecke im Hafen gekommen, wo unser Boot im Weg stand, als der Wind ihre Segel mächtig füllte.

„*Where are your fenders? Where are your lines?*", brüllte Papabert.

„*Sorry, sorry, we are so sorry, so dumb*", gab die Crew kleinlaut von sich.

„*What means sorry?*", konterte Papabert.

Der Kratzer an der Bordwand wurde von John, einem in Calpe wohnenden Schotten durch zwei Bier wettgemacht. War das zu billig? Okay, gut, Schwamm drüber. Unser Tag wollte auch gerettet werden, die Schramme am Heck war ohnehin nicht groß, und das Hin- und Hergeruckel durch den einlaufenden Schwell im Hafen raubte uns den Nerv. So wandte Papabert sich konstruktiven Dingen zu und erfuhr bei seinen Rercherchen, dass das Plastikteil für das kaputte Bordklo läppische 100 Euro (!) kosten würde, ein Klacks, oder? Für ein kleines Plastikteil? Wir würden es in Valencia in einem Geschäft abholen können, müssten dafür keinen Umweg machen und brauchten nur noch zwei Wochen ohne Bordtoilette auszukommen. Nicht die besten News, aber auch nicht die schlimmsten. Passten irgendwie zur Schramme am Heck.

Was half nun gegen Stress auf dem Schiff? Nur noch eines: Weg da! Sollen doch alle überall dranfahren, wenn wir nicht dabei Herzstechen kriegen! Los geht's! Hinauf auf den Felsen! Kindbert freute sich ohnehin schon auf eine kleine Wandertour und sowieso: Uns allen tat ein Spaziergang durch die Natur gut. Da traf es sich bestens, dass direkt vor uns der Peñon de Ifach lag, der ebenso wie der „Rock" von Gibraltar von Tieren bevölkert wird. Allerdings leben hier keine Affen, sondern Möwen und Katzen. Katzen? Ja, Katzen auf 400 Metern Seehöhe zwischen Felsritzen und dem Gipfelkreuz. Am höchsten Punkt des Felsens tummelten sich die kleinen Tiger, um Möwenküken oder wenigstens die Eier zu stehlen. Sie schienen sich wohl zu fühlen bei Wind und Wetter, so hoch über dem Meer. Das Fotografieren und die vielen Wandererbeine, die ihr Revier durchkreuzten, waren sie wohl gewöhnt, streicheln ließ sich jedoch nur eine der Miezen.

Der Weg auf den Felsen führte erst durch einen Naturpark und dann an den Felsen entlang. Sehr spektakulär war der Ausblick nach unten. Im mittleren Drittel war ein kleines, aber wichtiges Schild angebracht: *Caution! Extreme dangerous track! Don't walk with children!* Das Flip-Flop-Zeichen war dazu auch noch durchgestrichen. Okay, wir hätten das wohl genau richtig verstanden, wenn wir es gelesen hätten, hatten wir aber nicht. Denn Schilder wie diese sind ohnehin Nebensache, wenn man mit ein bisschen Vernunft in der Tasche nach oben blickt. Ein Tunnel durch den Fels verkürzte den mittleren Teil des Aufstiegs, glich aber einer Rutschbahn und konnte nur mittels der Halteseile am Rand bewerkstelligt werden. Dann ging es über glatte und eingerissene Steine auf einem schmalen Steig an den hohen Klippen entlang, zum Anlehnen mit Steigseilen ausgerüstet. Komisch, von unten sah der Felsen doch so klein aus? Kindbert und Papabert gingen ab hier allein weiter, der Weg war sehr schwierig, glatt, steil und weit. Mamabert fühlte sich nicht wohl am „hohen Stein", ging

lieber runter und zum Supermarkt, es gab ja letztlich gute Gründe, warum sie den österreichischen Alpen den Rücken gekehrt hatte. Sie ließ die beiden Entdecker allein. So nach dem Motto: Ehefrau kocht, und Ehemann nimmt fremde Länder für sich und die Krone ein.

Oben genossen die beiden dann den Ausblick, der einen die kleine Welt auf einer Yacht vergessen lässt. Wie dicht der Landstrich rund um Calpe doch besiedelt war! Die meisten der kleinen Häuschen inmitten Hunderter Hotels waren nur im Sommer bewohnt. 200 000 Menschen wollten dann gemeinsam braun und entspannt werden. Ob das wohl möglich war? Eine Gelsenzuchtstation (früher mal eine Saline) kam hinter hohen Hoteltürmen in Sicht, dahinter – dem Meer zugewandt – irgendwo Ibiza im Osten, die imposanten „Wolkenkratzerzähne" von Benidorm im Westen, die Stadt mit den meisten Wolkenkratzern pro Mensch, hässlich und unbelebt sah das aus. Voller neuer Eindrücke und wieder innerlich genordet wurde das Zusammensein auf dem Boot erneut genossen. So eine Wanderung hat's einfach in sich!

Schon bei der Abreise von Calpe wussten wir, dass das Wetter bald umschlagen würde. Nicht mehr lange und es würde wieder mal ordentlich krachen. Und das hieß um diese Jahreszeit: Regen, Regen und Wind und Wellen. Eine Kaltfront über Madrid versprach Sturm und Abkühlung. Wir segelten mittlerweile mit geschlossenem Cockpit. Das Verdeck ließ sich bei ILVA ja über das ganze Cockpit ziehen. Unangenehmer Wind von hinten? Adieu! Das ging gar nicht so schlecht. Das Einzige, was wir irgendwann würden ändern müssen, war, ein Reißverschlusssystem in der Nähe der Winschen einzunähen. Dann könnte man auch bequem die Segel bedienen.

Zum Glück schafften wir die Strecke bis in den Hafen, denn schon eine Stunde später setzten zehn (!) Windstärken ein. Ein wirklich kräftiger Sturm, der für die nächsten drei Tage anhalten sollte. Die Frage, ob hier im Winter immer so ein steifer Wind wehen würde, verneinten die Einwohner. Wir dachten schon, das bliebe jetzt ewig so. Auf dem Atlantik standen die Flutwellen zehn Meter hoch. Wir saßen wenig entspannt in einem Café. Die Schiffe im Hafen legten sich bei den Böen ziemlich auf die Seite. An einer Yacht neben uns wehte eine halboffene Genua wie eine Fahne, in Stücke zerfetzt.

Schon einige Wochen lang war es Mamabert gar nicht gutgegangen. Sie fühlte sich unwohl, war unleidlich und brauchte viel mehr Fürsorge als sonst. Was schließlich dazu führte, dass die Berts sich im Warteraum des deutsch-spanischen Arztes einfanden und die Sprechstundenhilfe mit ihren Reisegeschichten

Kleiner Aufstieg, große Wirkung. Die tolle Aussicht vom „Rock" in Calpe.

unterhielten. Nach ein paar Runden mit dem Ultraschallgerät war sonnenklar: Es hatte sich ein weiterer Crewgast eingeschlichen. Ungesehen und ungehört nistete er/sie sich ein und zog Energie aus Mamaberts Körper. Als der Arzt kurz vermutete, es könnten zwei davon sein, entfuhr Mamabert ein „Bitte was?". Das vertrug sich irrsinnig gut mit Papaberts tellergroßen Augen. Aber gleich gab es Entwarnung. Ein einziger weiterer Gast war für alle reichlich. Ganz im Stillen beschloss Mamabert, dass dies eine kleine süße Kindberta werden sollte – der familiären Ausgewogenheit wegen.

Die erste Frage, die wir uns nach dem Arztbesuch stellten: Wo und wann hatten wir denn das geschafft? Bei den herrschenden Platzverhältnissen, unserer gemeinsamen Schlafstadt in der Achterkabine und auch bei den vielen Besuchern, die noch zusätzlich zu uns dreien Leben ins Boot brachten, war dies eine berechtigte Frage, wie uns schien. Doch freuten wir uns total. Nun waren wir schon fast eine vierköpfige Crew. Aber ein Problem war damit verbunden: Mamabert würde sich nicht mehr als vollwertiges Crewmitglied stellen können. Falls sich keine Besserung ihrer miesen körperlichen Lage in den nächsten Wochen einstellte, dann würde seglerisch alles an Papabert hängenbleiben. Erschwerend hinzu kämen auch die Einschränkungen ihrer multifunktionalen Kapazitäten bei den Einkaufstouren und der Kindbert-Bespaßung. Die Glückssau hatte gewählt und erneut zugeschlagen. So sahen wir es zumindest. Daher galt für diese Situation die gleiche Regel wie fürs Wetter oder andere Naturkatastrophen: die Dinge anzuerkennen und uns bei der Meisterung der noch bevorstehenden Tage des Lebens auf dem Boot nicht von niederen körperlichen und sonstigen Widrigkeiten zum Jammern verleiten zu lassen. Mamabert musste halt ein paar Gänge runterschalten, Papabert bekam ein paar zusätzliche Arbeitsressorts hinzu, und Kindbert würde bald wissen, wie es ist, als großer Bruder auf so manches zu verzichten.

Raubtier ganz zärtlich.

Kein Schalk – Stress im Nacken!

25. März. Nach dem riesigen Hafengelände in Valencia sehnten wir uns wieder nach etwas Kleinem, Überschaubarem – Schnuckeligem. Wenn man uns in Valencia für den Weg zur Dusche schon eine Visitenkarte des hiesigen Taxi-Unternehmens anbot, dann konnte es mit den kurzen Wegen nicht ganz so weit her sein. Wir motorten ganze zwei Tage, umschifften bei ruhigstem Wetter und wärmenden Sonnenstrahlen das Ebro-Delta und ließen uns von der Landschaft überraschen. Denn es gab nicht viel zu tun. ILVA lief unter Autopilot, und mit Chips und Keksen im Cockpit bewaffnet hatten wir alle Zeit der Welt auf 22 Quadratmetern. Nur auf Untiefen mussten wir aufpassen. Es war so unglaublich flach wie am Neusiedlersee. Und es sah auch genauso aus! Auch das Wasser hatte einen bräunlichen Stich. Auf einer extrem flachen Insel standen einige Wohnmobile. Roch alles nach Gemütlichkeit. Aber wenn die Polkappen noch mehr Eis freigeben würden, bräuchten die Camper wohl bald ein Badehauberl mit Taucherbrille und Schnorchel im Wohnmobil-Bett. Kein Wunder, dass sich auch die Wracks zuhauf knapp unter Wasser befanden. Auf keinen Fall wollten wir auf den letzten Metern auf Grund, besser gesagt auf „Wrack" laufen. Aber nach einem Tag auf See hatten wir es wieder mal super hingekriegt und konnten mit den letzten orange-lila Sonnenstrahlen in den kleinen, mitten im Ort gelegenen Hafen von Cambrils einlaufen. Das war wied wir zum ersten Mal katalanischen Boden betraten?

Klar war jedenfalls, dass hier mit dem Geld etwas anders als in Andalusien umgegangen wurde, was nur an der Menge der

Valencia: viel Platz für Fußballspieler.

(Steuer-)Einnahmen liegen konnte. Hier sahen wir zum ersten Mal seit Andalusien wieder aufgepeppte Wohnungen, gepflegte Balkone, hübsch angelegte Straßen mit frisch geputzten Laternen, Fahrradwege, Designer-Promenaden, Supermärkte in nächster Nähe zum Hafen, Spielplätze, Strand ohne Müll. So klein und fein. Gern tauschten wir hippes valencianisches Großstadtdesign gegen kurze Cambrils'sche Tragedistanzen für unsere täglichen Einkäufe. Rückenschonend – hat auch mal was. Die Taxifreiheit schonte unser Börserl, und der Wechsel von Kultur zu Natur war etwas fürs Augerl. Und wenn wir nicht schon dem Heimathafen-Magnetismus unterlegen wären, wären wir hier sicherlich auch länger geblieben.

Etwas mehr als zwei Wochen wollten wir noch segeln und reisen. Eine sehr kurze Zeitspanne eigentlich, um bis nach Barcelona oder weiter zu kommen. Dort schien uns die Hafendichte groß genug zu sein, dass auch für unsere ILVA ein leistbares Platzerl dabei sein könnte. Zu Beginn einer einjährigen Reise scheint die Zeitspanne ja ewig lang zu sein – die Wochen, die Monate bröckeln so dahin. Nichts scheint sich im Zeitplan zu verändern. Bis plötzlich eines Tages die Einsicht kommt: Hey, bald ist die Zeit vorbei! Was müssen wir noch alles tun?

Urplötzlich hatten wir noch so viel vor: Wir wollten mögliche Stellplatz-Optionen für ILVA checken, wollten Barcelona sehen und unser schwimmendes Heim ordentlich, gewissenhaft, mit etwas Zeit im Rücken irgendwo einstellen. Mehr als genug zu tun also. So zog es uns in rasantem Tempo weiter nördlich, trotz miesen Seglerwetters, trotz des schönen Orts Cambrils. Barcelona kam in Reichweite. Blickte man über die Berge, konnte man nachts schon fast das Leuchten der Metropole erahnen. Nichts wie weg war am nächsten Tag die Devise. Tanken? In Barcelona.

Barcelona – Metropole im Wohnzimmer

Am Weg lagen schöne Orte, Benicarlo, Peniscola. Aber auch hässliche Hafenanlagen säumten die Passage nach Barcelona: Raffinerien, Bohrtürme, schwimmende Industrie, Reihenhausanlagen, die vor Hässlichkeit im Auge wehtaten. Nach einer Fahrt entlang der Küste, knapp vorbei am Flughafen von Barcelona (der ragt ja fast ins Meer!), umschifften wir bei viel Welle aus Süd den zentralen Hafen. Der zweite Port weiter im Osten war um einiges billiger. Ein bisschen Schiss hatten wir vor den zentralen Hafenausfahrten, aus der die Riesenpötte mit 20 Knoten ohne sich was zu denken beinahe blind und rasend schnell herausschoben. Wir hatten einfach nicht genug Sicherheitsabstand. Wieder mal mussten wir einem Großen ausweichen und ein paar Kreise im Wasser ziehen. Schließlich, nach einer gehörigen Achterbahnfahrt bei böigem Wind in der Ausfahrtschneise, standen wir direkt im Schatten des Torre Mapfre und waren begeistert, so eine berühmte und geschichtsträchtige Stadt mit dem eigenen Schiff erreicht zu haben. Wer fährt schon im eigenen Wohnzimmer nach Barcelona? Diese Stadt wollten wir bewandern und beschnuppern.

Wir sehnten uns nach urbanem Leben, nach der Großstadt, ob wir das wahrhaben wollten oder nicht. Und bewandern ist der richtige Ausdruck, denn schon lange waren wir nicht mehr so unendlich weit gehatscht (Österreichisch für: gelatscht) wie in dieser Stadt. Es hatte sich aber auch schon lange nicht mehr ein so ergiebiges und vielfältiges Wandergebiet rund um unser Boot gefunden. Das Erfreuliche an Barcelona war ja, dass es immer etwas Beeindruckendes zu bestaunen gab, egal in welche Richtung

wir gingen. Mamabert wollte sich trotz ihrer eingeschränkten Mobilität und ihres schwächelnden Kreislaufs ein paar Highlights nicht entgehen lassen. Letztlich hatte sie in dieser Stadt als junge Erwachsene erstmals elternfreien Urlaub gemacht. Die Berts vereint auf Städteurlaub – das hatte es die letzten Wochen kaum gegeben. Den Park Güell, aber auch die Kathedrale Sagrada Familia und das Gaudí- und das Picasso-Museum mussten wir einfach sehen. Kindbert und Papabert lechzten nach Fußballkultur und etwas Männerkult im Camp Nou – dem Herzen des ortsansässigen Clubs Barca.

ILVA lag irgendwo weiter hinten im Hafen. Also mussten wir rund um das gesamte Hafengelände hatschen, mindestens zweimal täglich. Da kamen leicht eineinhalb Kilometer zu jeder City-Tour hinzu. Gern hätten wir uns ein paar (Falt-)Radel hergezaubert.

Zum Gaudium der vorbeiflanierenden Schickimickis, die sich nicht nur in Ausnahmefällen einen Besuch in den Lasterhöhlen leisteten, waren vor den Restaurants im Hafen auf großen, meist reich gedeckten Tischen Haifische aufgebahrt. Auf Eis gepackt, mit Gemüse und Fisch im Maul dekoriert, zähnefletschend als Zeichen der Niederlage in einem äußerst ungleichen Kampf. Diese ehemals lebendigen Ungetüme wurden in kurzen Abständen von Restaurantlakaien mit Meerwasser begossen, damit sie in der Hitze nicht zu stinken begannen. Während wir fotografierten, wurden wir von den Restaurantbesitzern freundlich wegeskortiert, mehrmals. Wahrscheinlich hatten die gemerkt, dass wir nicht auf Belustigung aus waren. Zumindest hatten die armen Teufel noch ihre Flossen behalten dürfen und waren nicht gefinnt worden. Wo kamen diese Tiere nur her? Vom Mittelmeer? So groß? Niemand wollte oder konnte uns diese Frage beantworten. Befrackte Herren zogen versiert behübschte Damen hinter sich her ins Innere dieser Restaurants, deren wahre Geheimnisse uns Gott sei Dank verschlossen blieben. Vielleicht hätten wir sonst tatsächlich Albträume gekriegt.

Lockende Haute Cuisine?

El Masnou – Muschelzucht für unterwegs

El Masnou, ein Ort zehn Seemeilen östlich von Barcelona, lockte uns mit einem guten Angebot und einem guten Service. Hier sollte ILVA für die nächsten drei Monate auf uns warten. Denn Mamabert musste nach Wien zu den ersten Untersuchungen. Und das schnell. Die Vorfreude auf den letzten Tag Segelei war allerdings etwas übertrieben. Es war ein Höllenritt – als wollte uns das Meer gern behalten, mit uns spielen und uns aus Freude noch mal hoch in die Luft wirbeln. Vielleicht war es auch traurig und zornig, weil wir es bald verlassen sollten? Vielleicht ließ es seinen Emotionen freien Lauf?

    Noch während wir in Barcelona an der Innenseite der Mole entlang motorten, sahen wir von Weitem schon die Brecher an die Küste donnern. Die Wellenhöhen waren enorm. Sogar größere Schiffe hatten Probleme, gegen die Fluten anzukämpfen. In den Wellentälern war von den Segelyachten vor und neben uns nur noch ein kleiner Mastspitz zu erkennen. Wir konnten uns kaum noch orientieren. Es war ein einziges Kippen, Rollen, Drehen, Wenden, Schaukeln. Genauso musste es einem Aquariumfisch ergehen, während er im Plastiksack nach Haus getragen wird. Festkrallen war für uns angesagt. Am Steuerrad, an der Sprayhood oder den Tischbeinen, je nach Sitzposition. Wir froren entsetzlich. Kindbert weinte, weil ihm so kotzübel war. Mamabert war es das auch, aber sie weinte nicht. Für sie war es das letzte Mal Segeln vorm Heimfliegen. Wie bittersüß Abschiede doch sein können.

    Im Hafen von El Masnou, den wir schließlich nach vier Stunden übelster Fahrt und einer gehörigen Portion Gegenwind er-

Der Golf von Lyon möchte aufgeräumt und geordnet bezwungen werden.

reichten, wurden wir sehr engagiert begrüßt und mittels Lotsen zu unserem Liegeplatz geleitet. Der Marinero hatte unser Boot so inbrünstig bewundert, dass Papabert schon mit dem Gedanken schwanger ging, er könnte ILVA sofort an Ort und Stelle verkaufen, sobald wir sie geputzt und eingewintert hätten. Anscheinend hatten seine Gleichgewichtsorgane gleich ganze Hirnareale stummgeschaltet.

Ein kleines Problem war aber noch zu meistern: die Gepäckreduktion beim Heimreisen. Laut Auflage der Fluglinie konnte jeder von uns nur ein Gepäckstück zu 20 Kilo mitnehmen. Auf ILVA war aber sozusagen unsere ganze Wohnung. Da fielen Entscheidungen nun mal nicht leicht. Am liebsten hätten wir ILVA auch gleich mitgenommen, aber acht Tonnen? Mamabert war am Verzweifeln. Dabei hatte sie sich bei der Abreise aus Monfalcone bereits als Siegerin über ihre Sammellust gefühlt. Nur zweimal hatte sie mit einem Kleinbus den nötigsten Hausstand von Wien nach Italien gebracht. Jetzt musste sie auf diese letzten sieben „Lieblingszwetschgen" beinahe zur Gänze verzichten. Das stürzte sie in wahre Gewissenskonflikte: Welches Teil war mehr wert? Klar war, dass jegliches Küchenutensil hierbleiben musste. Ebenso Bücher, Werkzeug, DVDs, Elektronik, Seekarten, Spiele, Segel-Übergewand, Arbeitsleiberl und Hosen in der Qualität: zerfetzt und/oder ölig. Nur das Wichtigste konnte mit: Kleidung, Kindberts Schulsachen und der Akkuschrauber, falls wir in Wien Regale zusammenbauen mussten. Mamabert führte einen letzten Trumpf in die Gepäckschlacht. Sie erwarb eine Personenwaage und machte drei Stapel: „Auf-jeden-Fall", „Wär-noch-gut-brauchbar" und „Wenn-dann-noch-Platz-ist". Dann packte sie manisch hin und her, bis jede Tasche gerade noch mit viel Kraft zugezippt werden konnte und jedes Gepäckstück über 22 Kilo wog. Sie war sicher, dass zwei Kilo Übergewicht gerade noch in den Toleranzrahmen fallen würden. Schwangere und Verzweifelte soll man nicht reizen! Der nette Kerl am Schalter vom Flughafen verrechnete nichts.

ILVA bekam letzte Zuwendung, um die Zeit ohne uns gut durchhalten zu können. So manche Klüse wurde zehn Minuten vor Abfahrt erst montiert, damit in unserer Abwesenheit nur ja kein Tau wundgescheuert werden konnte. Es war stressig, aber rasch vorbei. Mit dem Zug, der U-Bahn und dem Bus ging's ab zum Flughafen. Durchs Getümmel mit über hundert Kilo in den Trollys und einer schwangeren Mamabert! Kein Wunder, dass ein paar Trollyräder nicht mal den Weg vom Boot bis zum Flugzeug überlebten. Frühmorgens hämmerten uns die Straßenmusikanten in der U-Bahn Evergreens in die Köpfe. Das machte nicht nur wach, sondern ließ auch so manchen Adrenalinspiegel steigen.

Von Spanien an die Côte d'Azur

3. Juli 2014. Heribert und Alfons wollten Papabert als neue Mannschaft auf der ILVA bis Ligurien begleiten. Super! Das kam ja wie gelegen. Die Einhandsegelei war ohnehin nicht sein Ding. Zwar waren die beiden (noch) keine alten Seebären so wie Jerry und Zack. Aber was spielte das schon für eine Rolle? Jetzt war Hochsommer. Fiese Wellen und steife Brisen? Schnee von gestern. Des Seglers Outfit war nun die Badehose! Zumindest untertags.

Mamabert hatte schon einen ziemlich dicken Bauch. Sie war im achten Monat und guter Dinge. Bezüglich segeln hatte sie jetzt leider das Nachsehen. Sie musste ILVAs Weg über das Mare Nostrum diesmal von Wien aus mitverfolgen, E-Mails schreiben, anrufen, mitfiebern. Fast täglich versorgte Papabert sie mit Erlebnissen aus erster Hand, quasi direkt von der Quelle. Im Gegenzug bekam er Informationen über die Großwetterlage und mögliche Unwetter. Kindbert hatte sich bereits bei der Rückkehr nach Wien auf seine Schulkameraden gefreut. Dafür lohnte es sich wirklich, wieder die Schulbank zu drücken. Vor allem, wenn die Lehrerinnen weit netter waren als das Lehrpersonal an Bord von ILVA.

Auf dem Weg nach Ligurien lag ein kleines Problem: der Golf von Lyon. Der war laut dem Segelguru Bobby Schenk ein gefährliches Segelrevier, von vielen Seglern dauerhaft gemieden. 300 Tage im Jahr blies dort der Mistral mit mindestens acht Windstärken. Im Golf von Lyon waren schon größere Yachten als ILVA gesunken, verschollen im französischen Mittelmeer,

verschluckt von den Wellen, verblasen nach Afrika oder sonstwohin. Noch in Wien hatte Papabert ein wenig recherchiert und Yachten auf Fotos gesehen, die nach einer Sturmfahrt im Golf eher wirkten, als hätte sie ein fahrender Lastwagen auf der Autobahn abgeworfen. Abmontiertes Rigg, abmontierte Reling, zerbeulte Aufbauten und, und, und. Und ILVA musste da durch! Alternativlos. Mit einer Mannschaft, die noch nie zuvor zusammen gesegelt war. Aber das alles waren Dinge, die man am besten verheimlichte und für sich behielt – wenn auch mit etwas schlechtem Gewissen.

Ein letztes Mal begossen wir neuen ILVAner die Tage von El Masnou. Dem örtlichen chinesischen Restaurant statteten wir noch einen Besuch ab, ein letztes exotisches Essen vor dem riskanten Törn – konnte nicht schaden. Die Hafenbar war täglich randvoll bis in die frühen Morgenstunden. Und ehe wir Wurzeln schlagen konnten, ging es schon los. Das Wetter versprach Gutes. Windstärke drei bis vier aus Süd. Uha, das bedeutete größere Wellen in der Nähe der Küste. Aber gut. Die Medikamente waren schnell eingeworfen, und zur Not stand ja noch unser treuer Freund, der „Kübel der Grauens" im Cockpit, links neben dem Steuerstand. Alles wurde noch ein letztes Mal kontrolliert und auf Dichtheit überprüft, der Impeller eingebaut, die Maschine gestartet, die Segel gesetzt. So schnell ist eine Heimat verlassen. El Masnou war Geschichte.

Knapp an der Küste entlang ging es im sanften Segelmodus mit Vollzeug auf Halbwindkurs. Das zauberte langsam ein dauerhaftes Grinsen in unsere Gesichter. Ja, meine Lieben, das ist segeln! Der gewisse Stolz erfüllte nicht nur Papaberts Herz. Bald rückte Blanes, ein spanisch-deutscher Urlaubsort in Sichtweite. In weiterer Folge Cabo Negro, wo das östlichste Spanien in Richtung Nord abbiegt, dahinter die Stadt Roses an der französischen Grenze. Hier versteckte sich ein Naturreservat. Ankern in einer schönen Bucht? Nichts leichter als das! Die Crew lechzte nach ein bisschen Romantik und war erst mal vom Segeln beeindruckt und äußerst positiv überrascht.

Eine Bucht ward schnell gefunden. Am letzten Zipfel Kataloniens, östlich von Girona taten sich Landeinschnitte auf, die schon mit einigen ankernden Yachten bevölkert waren. Hier waren die Felsen vom weichen Abendlicht der Sonne orangefarben beleuchtet. Schroff, ohne viel Vegetation konnte man glauben, hier sei die Weichheit erfunden worden. Wir drehten eine Runde durch die kreisrunde Bucht, checkten die Tiefe und den Abstand von den Felsen. Das noch einzig verbliebene Motorboot ging gerade ankerauf und schob sich knapp an uns vorbei. Dann waren wir allein in einer traumhaften Kulisse. Wir ankerten bei zwölf Metern Tiefe. Etwas tief zwar, aber bei dem Hochdruck-

Gemütlichkeit beim Herren-Törn.

wetter war nicht mit einem Sturm zu rechnen, der uns an die Steilküste spülen würde.

Ein erstes Seebad nach dem geglückten Ankermanöver bot gleich einmal die Gelegenheit, den Propeller vom Muschelbewuchs zu reinigen. Schon beim Ausparken in El Masnou hatte der Propeller wenig Wirkung gezeigt. Nun begriffen wir auch warum: Der Propeller sah eher nach einer zugewachsenen Boje aus denn nach einem Werkzeug zum Schiffsantrieb. Da spielten Muschelfamilien untereinander „Clash of Clans" und „Fressschach". Doch mit einem Stemmbeitel ließen sich die Plagegeister leicht lösen. Zwei Meter tiefer wurden sie (leider) von hungrigen spanischen Fischen gefressen. Schade, Freunde. So ein Ende wollten wir euch nicht bereiten.

Nach einer ruhigen Nacht mit Ankerwache und einem köstlichen Frühstück gingen wir ankerauf und schauten auf den Horizont in Richtung Osten. Da lag er, der Golf von Lyon. Augen zu und durch! Wann, wenn nicht jetzt? Das Wetter war schon tagelang stabil, beste Bedingungen für eine Überfahrt. Auch Mamabert meldete keine nennenswerten Wetterbewegungen. 100 Seemeilen nach Marseille, einen Tag und eine Nacht auf See. Mancher Segler hat ja schon monatelang vor diesem Törn Albträume von Havarie und Motorausfall. Vieles wurde gleich wieder verdrängt. Kurs 74°. Der Wind ließ an diesem Morgen etwas auf sich warten, und so motorten wir die ersten Meilen in Richtung Osten, bis wir nach und nach die Segel setzten. Das letzte Stück Land verschwand langsam hinter der Reling. Nun waren wir allein, im Golf von Lyon, in einem der windreichsten Reviere der Welt. Nur wir, das Schiff, das Meer, der Himmel und drei Windstärken und sonst nichts.

ILVA glitt mit sechs Knoten Fahrt und der reibungslos funktionierenden Windfahnensteuerung in Richtung Marseille. Wir kochten, spielten Karten und genossen die Aussicht auf unserer fahrenden Dachterrasse mit Fetzendach. Ein Traum, wenn das Schiff von allein fährt und alles funktioniert, immer wieder. Am Abend – genauso wie Papabert es vorausgesagt hatte (er war ja jetzt wirklich schon ein alter Hase) – schlief der Wind ein. Motor an, Autopilot an, wie schön war die Routine. Alles funktionierte, klappte und schnalzte. Langsam verzog sich die Sonne in ihr Nachtquartier, und wir erlebten einen traumhaften Sonnenuntergang und das langsame Verdunkeln des Himmels. Die Temperatur sank, wir holten unsere Jacken und schauten auf den Horizont. Immer noch Kurs Richtung Marseille, das ist der Endpunkt des Golfs von Lyon, der nächste große Hafen, das Ende dieses fiesen Meeres, der Beginn der Côte d'Azur. Wir beobachteten den Mond, wie er sich wie ein rosa Ei durch den Horizont quetschte und langsam voller und voller wurde.

Die Nacht war nicht so ruhig wie erwartet. Um Mitternacht querten wir die Haupteinfahrtsroute für die großen Pötte nach Marseille. Aber auch dies war mittlerweile Routine, auch das Anfunken etwaiger Kreuzfahrtschiffe und Frachter. Manche Kapitäne waren mindestens so gut drauf wie der schiffseigene. Die Urlaubszeit war eben doch die beste!

Schon kam Marseille in Sicht. Einige Lichter blinkten am Horizont schwach auf. Nun hätten wir ein bisschen nördlicher gehen müssen. Aber wollten wir dorthin? Wollten wir wirklich in eine Großstadt? Nach dem schönen Beginn bei El Port de la Selva? Nö. Irgendwie lockte uns das gar nicht. Eher ein Inselparadies! Wie wäre es denn mit einer Insel der Hyères, einem Inselgrüppchen, das der Côte d'Azur vorgelagert ist? Wie wäre es mit Porquerolles? Auf dem Weg zu den Hyères waren wir ohnedies. ILVA wusste scheinbar alles besser als wir, denn wir steuerten direkt auf Porquerolles zu.

Porquerolles – Insel mit Traumsand. Ist der mit Ohrsand?

Porquerolles! Was für eine traumhafte Insel! Nur knapp dem europäischen Kontinent vorgelagert, döste sie im weichen Hochsommerlicht vor sich hin und wartete auf uns. Paradiesisch, ein bisschen teuer, aber für Segler wie uns ein Muss. Ähnlich wie in den Kornaten Kroatiens bricht das Meer zwischen den Inseln auseinander. Das ergibt das gewisse Ententeich-Feeling, ruhigste See und eine traumhafte Aussicht. Zeit, ein Menü zu kochen und einen Kaffee zuzustellen. Fast hätten wir noch einen Schokokuchen zusammengerührt, so bequem hatten wir uns schon eingerichtet. Da kam aber der Hafen schon in Sicht.

Was hatten wir in der kurzen Zeit nicht alles erlebt? Schönstes Segeln, ohne steuern zu müssen, vom Boot ins Meer köpfeln, traumhaftes Wetter, klare Nächte, exquisite selbst gekochte Mahlzeiten. Noch was? Ach ja, einmal hätten wir um Haaresbreite eine Megayacht gerammt. Eine Verkettung unglücklicher Umstände führte fast zum Ausfüllen einer ersten Schadensmeldung, die sich gewaschen hätte. Zum Glück aber nur fast. Vor dem Einlaufen in das Hafenbecken wollten wir noch tanken. Die Motorfahrt durch die Nacht hatte die Tanknadel stark in Richtung „E" sinken lassen. Der Wind hatte zuvor schon aufgefrischt, zwischen Festland und Insel dürfte hier immer mehr Wind stehen. Selbstverständlich kam er genau aus der falschen Richtung, von hinten, und so schob er uns allmählich, aber unaufhörlich in das Hafenbecken. Ohne Bremse war das kein Honiglecken.

Immenser Schiffsverkehr drang aus der Hafeneinfahrt. Das Abbiegen nach Backbord war gar nicht einfach. In Richtung

Sicherheit geht vor: Zweit-Anker mit Talisman(n).

Tankstelle tat sich so etwas wie eine Sackgasse auf: eine Mauer vor uns, daneben eine Motoryacht, so groß wie ein Hotel. Der Wind wurde laufend stärker und spülte uns langsam, aber sicher in Richtung Tankstelle, wo auch schon andere Yachten festgemacht hatten. Mit Motorbremse und gehöriger Portion Nervosität legten wir am Tank-Kai an. Geschafft. Links neben uns ragte die Megayacht in die Höhe, im Ultra-Alles-Look, poliert, ohne Fingerabdrücke. Mit Entspannung war da nichts. Schon reichte uns der Tankwart den Zapfhahn – den falschen, wie sich herausstellte. Denn es war der mit dem extra langen Schlauch, obwohl wir ganz nahe standen. Alles kein Problem so weit, aber der Tankwart wusste nicht, dass wir zum Tanken mindestens eine halbe Stunde brauchen würden. Damit belegten wir gleich die ganze Tankstelle, der zweite Schlauch war nämlich zu kurz, um andere Yachten zu betanken. Papabert konnte leider nichts machen, außer den Einfüllstutzen anzustarren und Rinnsal für Rinnsal in den Tank laufen zu lassen – eine gefühlte Ewigkeit lang. Wir sagten, das sei, weil das Boot schon so „*antique*" sei. Das gefiel dem Tankwart aber gar nicht. Er brüllte herum und war so unbeeindruckt von unseren Problemen wie nur was. Wahrscheinlich wollte er nach Hause. Während sich der Diesel tröpfchenweise in den Tankstutzen verpflanzte, kam eine weitere Yacht und machte vor uns am Kai fest. Die wollten auch tanken, konnten aber nicht, da wir den längeren Schlauch verwendeten, blöd aber auch. Die Frau des Skippers zeigte uns eine leere Wasserflasche. Sie hob sie in die Höhe und winkte.

Wir wussten nicht, was das heißen sollte, und interpretierten das mit: „Wollt ihr in der Hitze vielleicht ein kleines Wässerchen, das ich euch schenken möchte?"

Wir verneinten mit: „*Non, merci!*"

Yacht um Yacht kreiste schon im engen Becken. Die Skipper verloren langsam ihr Schauspielerlächeln und verwandelten es Schritt für Schritt in den klassischen Al-Pacino-Tötungsblick. Nicht gerade schön anzuschauen. Die wollen uns loshaben, dachte Papabert. Jeder wollte das. Aber wir hatten erst 100 Liter getankt. Okay, nach einer halben Stunde war das genug. Wir gaben uns zufrieden. Bei der Hitze schienen die Aggressionen etwas ungezügelter zu sein als sonst. Nachdem der Skipper der vorderen Yacht den Schlauch aus unseren Händen genommen hatte, tankte er fünf Liter. Das Ganze dauerte in etwa zehn Sekunden. Aha, die Frau hatte uns nur zeigen wollen, dass sie nur ein ganz klein wenig Diesel brauchten. Okay, wenn uns das wer gesagt hätte. Der Hinweis mit der Wasserflasche war uns echt zu hochgeistig gewesen.

Weg von hier. Ablegen! Wir kramten erst jetzt die Leinen raus, die wir zum Wenden von ILVA gebraucht hätten. Der

Wind kam schräg von hinten, in Böen schon sicherlich mit fünf Windstärken. Links neben uns lag aber die riesige Motoryacht. Ihr gewaltiger Rumpf verkleinerte das Hafenbecken ungemein. Eine Wende gegen den Wind würde schwierig werden, sagte Papaberts Bauchgefühl. Bei all der Kramerei merkte er, dass die Leute rundum immer unentspannter wurden. Immer noch fuhr Yacht um Yacht an uns vorbei. Wir versuchten zu kalmieren, so gut es eben ohne Französisch ging. Die Tankwarte schauten, die Franzosen auf der vorderen Yacht schauten, und all jene schauten, die auf Motorboot, Segler oder Trimaran neben der Tankstelle ihre Kreise drehten, weil auch sie alle (und das ausnahmslos) aufs Tanken warteten – im Paradies von Porquerolles. Irgendwie wurde die Sache nun eng. Wir verstanden die Lage der Tankwarte und auch die Lage der Urlauber, denn vermutlich musste jeder von ihnen bald wieder ins Büro vor den Bildschirm. Der Tankwart befahl uns quasi, er meinte tatsächlich, JETZT abzulegen. Papabert ließ sich von der Situation und ihren hitzigen Protagonisten gehörig unter Druck setzen und beging einen schweren Fehler. Er ließ zu, dass die Tankwarte ILVA von der Pier losmachten. Einfach so. Schon war die Sache gelaufen. Mit aggressivem Vor und Zurück am Gashebel und größten Ruderausschlagen versuchten wir, ILVAs Bug um 180° gegen den Wind zu drehen. Auf dem Achterdeck stand Alfons, er sollte die lange Achterleine einholen. Doch die wurde vom Tankwart ohne unser Wissen an einem Poller an Land fixiert. Anscheinend bemerkte der, dass es eng werden würde, und warf das Leinenauge um einen Poller. Die Leine spannte. Es gab einen Mordsruck. Wir standen nun im kleinen Becken, quer zum Wind. ILVA hatte keine Fahrt mehr, und der Bug zeigte genau zur Megayacht. ILVA trieb ab, Richtung Betonkai. Papabert schrie, winkte, tat alles, damit dieser Idiot von Tankwart die Leine wieder freigab. Und siehe da: Er nahm die Leine ab und warf sie uns entgegen. Es wurde am Steuerrad gekurbelt und Gas gegeben. Immer wieder, immer wieder. Das Drehen von ILVA war ja nur mit Vorwärtsschub möglich. Das brachte unseren Bug aber gefährlich nahe an die Megayacht. Unser Buganker wurde von der Mannschaft auf der großen Yacht argwöhnisch bestaunt. Das Urlaubsleben war in aller Schnelle zur Qual geworden. Jeder schien zu hoffen, dass das noch gutging. Wir am allermeisten.

Die Luxusyacht war Bug voraus zum Glück mit einer enorm dicken Leine an einer Boje gesichert, die mitten im Hafenbecken verankert war. Diese Leine war also in die Richtung gespannt, aus der der Wind kam. Das war gut. Denn auch gespannte Leinen können Helfer in der Not sein! Und jetzt waren wir in großer Not.

„Diese Leine wird uns die nötige Seitenführung geben", schrie Papabert.

Wir waren nun schon fast quer zur Luxusyacht und touchierten bereits deren schöne Bordwand. Die zahlreiche Bordcrew des Megadampfers hatte sich schon mal am Deck aufgestellt, mindestens drei Meter oberhalb unserer Köpfe. ILVAs Bug war noch immer nicht ganz im Wind, aber fast parallel zur Luxusyacht. Unsere Fender waren hier wirkungslos, denn die Bootsform dieses Superdings wurde nach oben hin extrem breit. Luxus eben. Fast schon krachte unsere Saling am Mast in die Nase der Marineros. Aber das war noch nicht alles. Unser Protzgrill hinten auf der Reling hatte anscheinend vor, ein paar Erinnerungsspuren in den frisch polierten Gelcoat der Megayacht zu kratzen. Doch nichts leichter als das: Ambitioniert hastete einer von uns nach hinten ans Heck und versuchte, ILVA mit allen möglichen, auch mit dem verkehrten Bootshaken abzustoßen. Und es gelang. Der Gummigriff des Bootshakens schrieb ein paar nette Kreuzworträtsel in den Gelcoat – oder war es doch eine „Tic-Tac-Toe"-Spielvorlage? Die Crew am Luxusliner schaute misstrauisch nach unten, sah aber nichts Auffälliges, denn die Striche waren im toten Winkel unter ihnen. Es wurde lauthals gemeckert. ILVAs Bug schlug endlich um, wir waren durch den Wind. An der gespannten Leine der Luxusyacht entlang schrammten wir in Richtung Ausfahrt, ohne uns nochmals umzudrehen. Um 20 Pulsschläge pro Sekunde verlangsamt ging es im Anschluss 300 Meter weiter an eine Muringboje im Bojenfeld von Porquerolles.

Schon fünf Minuten nach dem doch noch geglückten Tankmanöver konnten wir alle darüber lachen. Ab nun war Alkohol erlaubt. ILVA wurde mit zwei Festmachern an der Muringboje gesichert. Mit einer gehörigen Portion Motivation bauten wir unser Dinghi auf und verließen unser Schiff. Mit Vollgas! Auf, in die Bars von Porquerolles! Nach 140 Seemeilen und einem Fast-Unfall konnten wir es kaum noch erwarten, uns ins Getümmel zu werfen und unsere Heldentat zu feiern.

Unter Maschine durch den Golf von Genua.

Romantik pur an der Presqu'île de Saint-Tropez

Bevor wir den Hafen von Cavalaire erreichten, sahen wir gleich rechts der Hafeneinfahrt ein Bojenfeld. Es erstreckte sich fast über den gesamten Strandabschnitt. Zwei- und Dreimaster aus Holz schwojten hier im Kreis gemeinsam mit Katamaranen, Motoryachten, Ausflugsbooten und Kleinkreuzern. Manchen Booten sah man an, dass sie schon mehrere Jahre hier festhingen und Wellen, Wind und Sonne trotzten. Auch wir nahmen eine Boje auf und freuten uns, dass wir es schon so weit geschafft hatten. Erst vier Tage auf See und schon fast die Hälfte des Wegs hinter uns. Vor uns tat sich die Silhouette einer Stadt auf: Cavalaire-sur-Mer. Eine Menge Straßen mit hupenden Autos, Restaurants, Bars, Hotels auf engstem Raum. Was wollten wir nach gelungener Seglerei mehr, als hier Spaß haben? In der Hauptsaison war ohnehin viel los im Mare Nostrum. Die Häfen waren voll. Aber noch schlimmer wurde die Lage, wenn sich der Mistral von den Bergen herunterschälte und die Urlaubsorte aufmischte. Er war für den nächsten Tag angesagt. Neun Windstärken aus Nordwest. Die Pfeilchen auf der Handy-Winddaten-App bekamen schon ganz seltsame Farben, noch nie zuvor hatten wir die gesehen. Da musste ein sicheres Plätzchen her. Hier draußen an der Boje? Auch ohne heftigen Wind viel zu unruhig. Die Bucht von Cavalaire bot ihrer Geografie nach keinen Schutz vor Schwell. Wer von uns wusste schon, wie sich ein richtiger Mistral anfühlt? Aua, das tat beim Denken schon weh. Wir wollten uns diese Erfahrung ersparen und riefen mal im Hafenbüro an.

Eine Stimme sagte uns, es gebe gerade keinen Platz mehr, wir sollten uns doch noch eine Nacht draußen gedulden und am

Auch in Saint-Tropez gibt's Gewitter.

nächsten Vormittag noch mal anrufen, vielleicht war ja dann was frei. Uns verging sofort der Appetit (gerade eben hatten wir noch Ambitionen für ein tolles Menü gehabt). Wir checkten die Seekarte. Wo lag der nächste Hafen, und war dort ein Platz frei? Ein Anruf folgte. Nö, auch dort war nichts frei, nur „vielleicht". Wir sollten am besten mal vorbeischauen. Diese Alternative gefiel uns auch nicht, denn der Weg bis nach Saint-Tropez war weit und ohne Aussicht auf ein bisschen Schutz mit leeren Bäuchen nicht gerade einladend. Am liebsten hätten wir noch gefragt, wie oft im Jahr der Mistral schneller als erwartet kommt, das gaben aber unsere Französischkenntnisse nicht her. Also sagte die gute alte Zuversicht (oder gar das seemännische Gottvertrauen?) in uns: Das wird schon werden, wir bleiben hier bis morgen, dann werden wir uns irgendwo festkrallen hinter der Mole. ILVA war ja doch nur ein Schlauchboot. Das passte doch an jede Ecke.

In der folgenden Nacht schlug das Wetter um. Alfons in der Vorschiffkabine ging's nicht so gut. Er hob immer wieder ab mit den Wellen, dazu noch das Gequietsche von den durch die Boje gezogenen Leinen. Das war sicher nicht nach seinem Geschmack. Aber auch in der hinteren Kabine war es nicht ganz ohne. Der Wind frischte nach Mitternacht nochmals auf, kam aus Süd und drückte hohen Schwell an die Bordwand. ILVA legte sich immer wieder schlimm auf die Seite. Wie das Pendel einer Kuckucksuhr. Das Rigg pfiff die Naturtonskala in windigen Höhen.

Acht Uhr morgens. Das Hafenbüro war schon besetzt. Wir riefen an. Noch so eine Nacht? Nicht auszudenken, wenn der Mistral über uns hinwegfegt. Der Hafenmeister sagte, dass ein Platz frei wäre. Super! Diese Zuversicht war doch zu etwas gut. Maschine gestartet, Leinen eingeholt und weg von hier! Es waren nur wenige Hundert Meter. Hinter der ersten Mole versuchten wir, an einer Pier anzulegen. Ein Mann fuchtelte wild mit den Händen. Er begann herumzuschreien. Allein seine Visage sagte mehr als tausend französische (Schimpf-)Wörter. Anscheinend war dieser Abschnitt für irgendetwas oder irgendwen reserviert. Nachdem der Wind aber schon schlecht stand und am Warte-Kai kein Platz frei war, entschieden wir uns, trotz aller Fuchtelei anzulegen. Mit klarer Miene taten wir, was wir mittlerweile konnten, und vermeldeten nach geglücktem Anlegemanöver unser Problem.

„*Bateau muy antique. Emplacement differente? C'est no possible.*" Niemand regte sich auf. Na also. Man musste einfach nur klar machen, was Sache war, und keine Alternativen zulassen. „*Merci beaucoup!*"

Auf Spanisch-Französich-Italienisch-Englisch-Deutsch erfuhren wir vom Hafenmeister, dass wir uns wenige Stunden später in eine Lücke stellen und das Gröbste abwarten könnten. Zum Glück. Denn hinter uns in der Reihe fragte schon der Nächste nach einem Platz, der hatte aber Pech. Die Nacht kostete hier nur 37 Euro, ein Klacks! Und das in der Hochsaison! Im Vergleich zu dem, was auf Sardinien verlangt wurde, war das ja nur das Trinkgeld.

Am frühen Abend setzte der Mistral ein. Böig und kalt kam er über die Berge, peitschte das Meer auf und ließ die Boote an den Bojen tanzen. Sogleich rollten Brecher von draußen heran. Von unserem sicheren Platz war dem mit leichter Miene zuzusehen. Manch eine Yacht torkelte ebenso sehr im Wind wie die Leute, die spätabends aus den Bars in die frische Luft stolperten. Uns machte das alles nichts aus, denn die Cover-Bands, die hier vielerorts aufgeigten, waren dermaßen gut, dass uns Hören und Sehen verging. Profis eben.

Das Umstellen von ILVA am nächsten Tag gelang besser als erwartet. Wir hatten alles bis ins kleinste Detail vorbereitet. ILVA sollte anhand der Leinen im engen Becken verholt werden, zunächst ohne Maschine. Aber mit einigen Zwischenschritten. Unsere Wurfleinentechnik mit der angebundenen PET-Flasche ließ so manchen Passanten vermuten, wir würden hier im Hafen randalieren oder ein Schiff stehlen wollen. Aber nein, wir wollten nur keinen Schaden verursachen und das Ganze sicher erledigen! Der Wind hatte in Spitzen sicherlich acht Windstärken. Doch immer wieder mal sackte er für einige Sekunden ab. Das war gut, um den Bug durch den Wind drehen zu können. Schon stand ILVA richtig, und mit einem kleinen bisschen Motorkraft ging's an den Stegen entlang bis zum zugewiesenen Platz. Ohne Schaden immer noch. Das machte stolz und glücklich. Mistral, hatten wir dich besiegt?

Nach getaner Arbeit borgten wir uns kleine Motorroller aus, um nach Saint-Tropez zu fahren. Wir waren nur 20 Kilometer davon entfernt. Mit ILVA in Saint-Tropez einzulaufen hätte uns einen ganzen Tag gekostet, ganz zu schweigen von den Kosten und den Riesen-Privat-Kreuzfahrtschiffen, die mit 30 Knoten in Hafennähe um die Kurven schossen. Außerdem war ein Mofa die perfekte Alternative zu so manchem unruhigen Segeltag.

Saint-Tropez ist eine besondere Stadt. Französisch-Hollywood! Wir wussten nicht, ob wir manche Plätze vom Film her kannten oder ob es nur zufällig so aussah wie im Film. Die High Society ging auf und ab wie auf dem Laufsteg. Wahnwitzigste Rennwagen verkeilten sich im Stau, die dünnsten Models mit bestens abgesaugtem Fett stolzierten wie die Störche auf den Gehsteigen. Die ältesten mit Make-up getünchten Großmütter

schmusten den jüngsten *boyfriend*, die teuersten Juwelen Frankreichs baumelten mit Preisschild um extra gereckte It-Hälse, die feschesten Dandys der Welt saßen in den noblen Schanigärten der angesagten Cafés. All das fand sich hier auf einem Umkreis von wenigen Hundert Metern. Eine Stadt der Superlative. Fast drei Millionen Touristen kommen pro Jahr in den Fischerort. Das alles hatte alles etwas Seltsames, Künstliches. Außer am Dönerstand, da hatte die Künstlichkeit ihr Ende. Gleich in der Nähe des Hauptplatzes gelegen, bot er Kebap und Dürüm in einer umwerfenden Qualität, köstlich, billig, mit dem gewissen französischen Teint, den Kaffee nicht teurer als sonstwo und freundlich serviert noch dazu.

Der Hafen von Saint-Tropez schockierte uns trotz aller Geschichtsträchtigkeit. Die Yachten – sofern man noch Yachten dazu sagen kann – waren so groß, dass sie das Hafenbecken fast unkenntlich machten. Wo war nur das Wasser mit all seinem Flair hingekommen? Ein schwimmender Plastikfelsen neben dem anderen, Heck an Heck, die Salone der Dinger so groß wie Opernsäle, die Aufgänge wie Treppenhäuser zu alten Landhäusern. Die Landstromkabel dieser Yachten hatten den Querschnitt einer 500 000-Volt-Überlandleitung zwischen Australien und Borneo. Am liebsten hätten wir mal ein Kabel ausgesteckt, um zu sehen, was passiert. Aber man hätte das sicher als einen durch Neid motivierten Angriff auf das Establishment gesehen und uns vermutlich in die alte Polizeistation gesteckt, in die schon Louis de Funès seine Gängster gesperrt hat. Man sah hier im Hafen tatsächlich nichts als die gläsernen Hecks von Plastikhäusern – wie eine paradoxe Garage, in der kein Platz war. Man konnte fast glauben, die Stadt würde an diesen Schiffen hängen und nicht umgekehrt. Zumindest hatten wir einen Mordsspaß. Dem Hafenmeister gefiel's mit Sicherheit. Was so eine Übernachtung hier wohl kostet?

Bald ging es auf Motorrädern zurück über die Presqu'île de Saint-Tropez, die Halbinsel zwischen Cavalaire und Saint-Tropez, ein wirklich traumhafter Fleck Erde. Unbeschreiblich schön liegen die Wälder hier im Hinterland, verbunden mit dem Schilf in der Nähe der Küste und den fein durch das Land gezogenen Wegen ergab das eine atemberaubende Szenerie. Die Vegetation war hier sehr abwechslungsreich. Es fehlten die großen Monokulturen. Es fehlten auch die großen Hotels. Die Küsten waren fast unbebaut, nur ab und zu ließ sich ein Haus oder ein Restaurant erblicken. Die Presqu'île de Saint-Tropez war mit Sicherheit einer der schönsten Landstriche, die wir jemals gesehen haben.

Die Zeit drängte. Nach zwei Nächten im Hafen mussten wir wohl oder übel absegeln. Das Gute dabei: Der Mistral würde so

Das weiche Licht in Cecina lädt zum Fotografieren ein.

schnell nicht wiederkommen. Die Wetterdaten versprachen eine ganze Woche Schönwetter. Kaum Wind. Kaum Wellen. Also segelten wir knapp entlang der Küste vorbei an Cannes und Antibes weiter Richtung Nizza, Monte Carlo, San Remo, Imperia – Orte, die vom Meer aus gesehen nicht mehr einzeln auszunehmen waren. Schon nach zwei Tagen hatten wir die italienischen Gefilde erreicht. Bei Albenga ankerten wir hinter der Isola Gallinara. Diese soll den Schwell abhalten, so dachten wir. Funktionierte aber nicht, da wir uns nicht weit genug in den Schatten der Insel zu stellen trauten. Schon dunkel, eine fremde Küste? Nicht so einladend. Eine Ankerung bei Nacht hat immer etwas Grimmiges. Man weiß nie genau, wie weit Felsen oder Untiefen wirklich weg sind. Das Schätzen von Entfernungen war auch hier ein Ratespiel. Somit hieß es nach einer weiteren unruhigen Nacht früh morgens noch beim Frühstück ankerauf, und wir querten den Golf von Genua in Richtung La Spezia. Mächtig sahen die Seealpen von Weitem aus. Immer wieder begleiteten uns jagende Thunfische. Sie zwangen Fischschwärme an die Wasseroberfläche, um die armen Teufel im Anschluss aufzufressen. Eine Jagd auf Leben und Tod – ganz nah neben uns.

Porto Venere und der letzte Sundowner

Vor uns kam der Ligurische Apennin in Sicht. Ein markantes Gebirge. Autopilot, knapp sechs Knoten Fahrt. Gerade wurde die COSTA CONCORDIA durch den Golf von Genua geschleppt, das teilte uns Mamabert noch telefonisch mit, ehe wir bewaffnet mit dem Fernglas ankerauf gingen. Wir sollen aufpassen, hatte sie gemeint, denn es sei eine Unzahl an großen Schleppern unterwegs. Aber bis auf ein riesiges komisch aussehendes viereckiges Ding am Horizont konnten wir nichts erkennen.

„Schau mal, passen wir da durch?", fragte Alfons.

Er gab Papabert das Handy und zoomte bis zum Anschlag in die Seekarte. Felsen, Felsen, Felsen und eine kleine Durchfahrt. Die Bucht von La Spezia hatte offenbar einen Geheimeinstieg an der Westseite.

„Da soll ein Schiff durchpassen?", fragte Papabert.

Alfons sagte Ja. Einen Versuch wäre es wert. Ansonsten müssten wir rund um die Felsinsel, ein paar Seemeilen extra, mindestens eine Stunde zusätzlich. Die Bucht von La Spezia lag noch einige Meilen vor uns. Und es wurde bald dunkel. Da war das Einsparen einer Stunde Fahrt eine willkommene Gelegenheit. Wer wusste schon, wie lange es noch dauern würde bis zum ersten *Sundowner*?

Je weiter wir zur Meerenge kamen, desto mehr Details erkannten wir. Rechts von der Durchfahrt begrenzte eine schroffe Insel den schmalen Schlitz, links lag das Festland mit seiner Küste. War das ein Fort? Dort gleich links neben der Durchfahrt? War das eine Kirche, direkt am Felsen, die die Einfahrt begrenzte? Wir staunten. Wow, ah, oh … uns blieb der Mund offen ste-

Zwergibert – unser „blinder Passagier" ab Almería.

Porto Venere: Riesenyachten findet man hier zum Glück nicht. Dafür schöne Wandfarben (folgende Doppelseite).

hen, während es nun fast schon ganz finster war. Die schlechte Sicht machte das Einschätzen der Begebenheiten schwierig. Ein großes Fischerboot kam uns entgegen, mit Volldampf. Die hatten es eilig. Also hier wurde durchgefahren, das war sicher. Die Durchfahrt war zirka 30 Meter breit, tatsächlich schiffbar, war aber nur ein ganz schmaler Kanal. Links neben uns am Felsen stand eine genial aussehende Kirche aus dunklem Marmor, dahinter eine Festungsmauer, rechterhand ein dunkler Felsen und gleich hinter der Kirche das erste Restaurant, direkt an der Durchfahrt gelegen. Alles beleuchtet, nur Gäste waren keine zu sehen. Kaum hundert Meter weiter öffnete sich die Durchfahrt zu einer Bucht. In Festbeleuchtung, Haus an Haus, jedes mit einer eigenen Optik, jedes mit einer eigenwilligen Fassade und Farbe. Manche Häuser waren schräg nach hinten gelehnt, andere standen gerade oder leicht nach vorn gebeugt. Es war ein Traum, hier im Schneckentempo vorbeizugleiten. Kein Fenster war mit einem anderen nur irgendwie auf einer Linie.

Ein paar Hundert Meter vor uns ragte ein kurzer Steg in die Bucht. Da lagen kleinere und größere Yachten. Ein paar Plätze waren noch frei. Was wäre besser, als hier festzumachen? Nichts. Und so lagen wir fünf Minuten später vor einer Traumkulisse, die schöner nicht sein konnte. Zum Glück hatten wir uns vorher nicht über Porto Venere informiert. Der Überraschungseffekt wäre dahin gewesen. Also weg mit dem Hafenhandbuch! Zum Altpapier damit! Ob es hier wohl ein Marinabüro gab?

Die engen Gassen, die alten Gebäude, die Lage des Orts innerhalb der Bucht, der Hafen, in dem fast nur kleine Fischerboote lagen – all das verzauberte uns. Eine Perle sagten wir, eine Perle so nahe an Österreich. Wie konnten wir nur so wenig von Porto Venere wissen?

Ein Hotel im Ort bestand aus dem Turm einer Burg. Die direkt angeschlossene Kirche (sah noch älter aus) mit schiefem Eck war ein Bürogebäude, das Dach der Kirche die Terrasse für gutbetuchte Urlauber, die hier nächtigten. Ein Wahnsinn für das Augerl. Tatsächlich ist der Ort eine Halbinsel. An der Nordseite von Porto Venere, das konnten wir in der Nacht noch gut erkennen, musste hier Fels im großen Stil abgebaut worden sein. Die tiefen Einschnitte sahen irgendwie künstlich aus, luden aber zum Baden ein. Das Wasser war herrlich sauber. Wir fühlten uns zurückversetzt in die Siebzigerjahre, als die Menschen noch knappe Badehöschen trugen und Hippies mit dem VW-Käfer an den Strand fuhren. Recherchen ergaben, dass hier früher mal der Nero Portoro (das bedeutet: schwarz-goldener Stein aus dem Hafen) abgebaut wurde. Ein schwarzer Kalkstein, der nur in Ligurien vorkommt, durchzogen mit goldenen oder weißen Adern, geeignet für Kunstobjekte, kleine Briefhalter oder Tintenfässchen. An jeder Ecke rund um den Ort wurde abgebaut. Auch die Hafenmole war mit großen Steinen durchsetzt, die allesamt nach Marmor aussahen. Antiker Reichtum. Der ganze Ort eine Zeitreise! Wie gern wären wir länger geblieben.

Entlang der Küste ging es gegen den Wind weiter Richtung Südosten. Mindestens vier Windstärken. Dementsprechend langsam schoben wir uns in Richtung Cecina. Die Küste ließ die Wellen steil werden. ILVAs Bug ging auf und ab, die heranrauschenden kleinen Brecher machten aus der Fahrt einen Ritt auf einem wild gewordenen Stier. Heribert nutzte die Vorschiffkabine für ein erholsames Nickerchen, während wir anderen schon 100 Rodeo-Punkte erhalten haben mussten. Immer wieder hob er auf dem Bauch liegend ab und setzte im Wellental wieder auf. Die restliche Crew fand das lustig anzusehen. Was er wohl geträumt hat?

Endlich: Marina di Cecina. Es war schon sieben Uhr. Der Hafen sah gänzlich anderes aus als auf der Karte. Rechts? Links? Wo war er wohl neu angelegt worden? Aha, die Einfahrt war auf der anderen Seite. Okay. Nun wussten es auch wir. Wir wendeten und liefen entlang der neu errichteten Mole. Der Empfang war so, wie man sich einen Empfang vorstellt: Da standen Mamabert mit dickem Babybauch und Nina mit Muringleine und Bootshaken. Was konnte es Schöneres geben? Der Hafenmeister war schon nach Hause gegangen und hatte Mamabert noch den Platz gezeigt, in den sie uns einweisen sollte. Ab sieben Uhr abends war hier kein Eingeborener mehr zu sehen. Also wenn Mamabert da war, brauchte es auch wirklich keinen. Wer hatte schon mehr Erfahrung im Anlegen als sie?

Auch hier waren im Hinterland sehr schöne Orte versteckt. Klar! Das war doch die Toskana! Hier lag Elba nur 25 Seemeilen entfernt, andere Inseln des Arcipelago Toscano waren näher, bis Korsika waren es 60 Seemeilen. Wir fanden es hier sehr schön, sehr urlaubswert. Und die Freundlichkeit der Italiener bestätigte uns darin, noch für ein paar Jahre hier zu verweilen. Um das zu tun, was das Leben über alles hinweg lebenswert macht: segeln und Freunde haben.

Epilog – ein Rückblick

Nach fast einem Jahr auf ILVA und unendlich vielen Erfahrungen im Gepäck waren wir wieder in der normalen Welt gelandet. Kindbert geht wieder zur Schule, Papabert in die Arbeit und Mamabert umsorgt Zwergberta. Ja, richtig. Es ist tatsächlich eine Kindberta geworden! Die kleine Reise machte uns unendlich glücklich und zufrieden. Alle Erwartungen sind erfüllt worden – bis auf die Tatsache, dass wir den Atlantik nicht befahren haben. Die Kanarischen Inseln waren vorab immer unser Wunschziel gewesen. Doch unter den herrschenden Bedingungen wäre das nicht mehr ohne Risiko zu machen gewesen. Trotzdem gut. Kommt Zeit, kommt Insel. ILVA wird uns noch lange zu Orten tragen, an denen wir wieder Luft und Leben tanken können. Garantiert.

Der Traum vom Reisen verfolgte uns immer schon, schon als Kinder hatten wir uns an ferne Orte gewünscht, nach Bora Bora, in die Karibik oder einfach nur ans Meer. Nun sind wir genauso erwachsen geworden wie unsere Träume von damals. Und das Erwachsensein verlangte nach Taten, ein Segelboot musste her. Denn die kurzen Törns mit Charteryachten wirkten auf uns wie Appetitanreger: just ein Anreiz auf mehr. Viel zu kurz, um mal die Seele baumeln zu lassen, und zu wenig intensiv, um zu spüren, wie facettenreich das Segeln, das Leben auf einem Schiff wirklich sein konnte. Aber wie immer beim Erwachsenwerden sind nicht alle Wege von Leichtigkeit und Glück gezeichnet. Der Weg ins Paradies möchte mitunter hart erkämpft werden, manchmal härter als man glaubt. Das war auch bei ILVA so. Die

ILVA, du gute Alte! 44 Jahre auf dem Buckel und kein bisschen leise …

jugendliche Naivität hatten wir beim Bootsbau bald abgelegt und gegen harte Arbeit und den Blaumann getauscht. Wie war es dazu gekommen?

Im Sommer 2009 waren wir bei unserer Bootssuche in Groningen/Holland in einer alten Halle aus Wellblech gelandet. Hier fristeten jede Menge Schiffe ihr Dasein. Manche Boote wurden renoviert, repariert oder lackiert. Andere warteten auf Käufer oder den Verschrotter. Mehr als zehn Jahre lang stand ILVA schon in dieser Halle. Sie gehörte einem alten Ehepaar. Er, ein Zahntechniker, war verstorben, Trudy, seine Frau, wollte das Ding nur noch loshaben. Innen und außen schien ILVA trocken zu sein, eher verstaubt als durchnässt. Uralte Polsterungen, ein wild zusammengeschraubter Steuerstand, eine muffige Vorschiffkabine, ein Motor(raum), der dringend mal einer Totalsanierung bedurfte. All das sah nach viel Arbeit aus und überzeugte nicht wirklich. Als sich jedoch im nächsten halben Jahr keine andere finanziell leistbare Option auftat und wir immer ungeduldiger wurden, versuchten wir unser Glück: Die Hälfte der Summe, die Trudy sich wünschte, war immer noch über unserer Ausgabengrenze. Aber Trudy nahm unser Angebot an. Vielleicht weil wir sie mit Barem in der Hand lockten. Vielleicht weil sie schon viele Jahre Käufer suchte.

Wie aber bekamen wir ILVA nach Österreich? Skepsis schlug um sich. Die anfänglichen Pläne, die Yacht auf den Kanälen quer durch Europa nach Österreich zu fahren, wurden gleich fallengelassen. Flüsse sind gefährliche Gewässer, wenn man nicht weiß, wie lange die Maschine noch läuft. Ein Lkw-Transport hingegen war gar nicht so teuer wie ursprünglich angenommen. Schließlich brachte ein Tieflader unsere ILVA als *Bred Last* ins Trockendock nach Niederösterreich – mit Ötscherblick.

Die Menschen im engen Bergtal trauten ihren Augen nicht, als sie eine Yacht auf der Straße vorbeifahren sahen – völlig in die falsche Richtung. Denn ein Schiff bewegt sich ja normalerweise entweder auf dem Meer oder zumindest in Richtung Meer und nicht über enge und gewundene Straßen in Richtung höher werdende Berge, in ein enges Tal. Welche Spinner machten denn so was? Es war sicherlich der einzige Stau wegen eines Bootstransports, den die Bewohner des Orts je erlebt hatten. Mamaberts Oma nutzte die Chance und begann sofort zu kochen: Gulasch. Heurigenbänke und Tische wurden aufgestellt, um Zaungäste zum Kommen und Bleiben einzuladen. Wenn schon verrückt, dann ordentlich! Wir waren überrascht von all der Aufmerksamkeit und Anteilnahme. Die Stimmung war feierlich. Jetzt schon ein Fest? Dabei ging die Arbeit erst los!

Das erstandene Schiff mussten wir erst mal mit unseren Idealen abgleichen, was so viel hieß wie: Nimm jedes Teil des Schiffs, prüfe es ob seiner Funktionstüchtigkeit und schmeiße es über Bord! Wie viel unbrauchbares und veraltetes Gerümpel hatte in so einem Schiff eigentlich Platz? Einige Wagenladungen voll mussten zur Müllverwertung. Kühlschrank, Herd, eine veraltete Ankerwinsch, Kabel, Luken, der ganze Aufbau, vergammelte Holzschotte, Toilette, Rohre, Schläuche. Wochen und Monate vergingen mit dem Entladen von ILVA.

In unserem „Trockendock im Grünland" standen uns einige sehr harte Winter bevor, die härtesten seit vielen Jahren. So haben wir sie zumindest in Erinnerung. Denn ILVA stand nicht in einer schönen gemütlichen Halle mit Ofen und sonstigen Annehmlichkeiten, sondern draußen und war nur mit einer Plane verhüllt, um sie zumindest vor Regen, Schnee oder Hagel zu schützen. Unser Lagerraum war ohne Strom und im Winter nur in Moonboots trockenen Fußes zu erreichen. Mit dem Heizen im Boot war das so eine Sache. Teuer, stickig, heiß oder kalt, je nachdem, welches Heizmaterial gerade da war. Daher waren unsere Finger oft klamm und die Zehen steifgefroren. Im Sommer hingegen waren unsere Nacken verbrannt und die Beine von Mückenstichen übersät. Aber nie haben wir den Sternenhimmel öfter gemeinsam (vielleicht manchmal auch verzweifelt) bestaunt als in den Nächten auf der Baustelle und uns gefragt, ob er ebenso schön sein wird vom Meer aus gesehen. Oder noch schöner? Nach vier Jahren Totalrenovierung und 45 Wochen Leben an Bord trauen wir uns zu sagen, dass es gerade bei solchen Projekten, die einem einiges abverlangen, nicht blauäugig, sondern vorteilhaft ist, nicht alle grausamen Details im Voraus zu kennen. Sonst wären wir gar nicht über unsere Träumerei hinausgekommen.

In acht Monaten Fahrt schafften wir gerade einmal 2500 Seemeilen – das schaffen versierte seglerische Sportbootfahrer in einem Monat. Damit bewiesen wir sicherlich keine sportlichen und seglerischen Höchstleistungen. Dies darf ruhig belächelt werden. Wir haben uns gegen Meilenfresserei und wochenlange Nonstop-Törns entschieden, dafür aber für die Treue zu unserer ursprünglichen Idee: als kleine Familie eine Zeit lang außerhalb des üblichen Trotts auf dem Meer zu leben und für unsere Gemeinschaft und deren Umgebung Zeit zu haben. Allen Sportseglern winken wir dennoch freundlich und bewundernd zu, wir wären zu solchen Höchstleistungen nicht in der Lage. Mit unserer kleinen Reise bewiesen wir ohne Vorsatz oder bewussten Verzicht einfach nur unseren Hang zur Gemütlichkeit. Oder zumindest das Interesse für die Langsamkeit der Erfahrung und das Wissen, was daraus mit etwas Glück entspringen kann. Dabei half uns sicherlich auch unsere einzig verbliebene Aufgabe aus der „Vorwelt": Kindberts Bootsbeschulung. Während des Segelns war an ein Üben von Schulstoff aber absolut nicht zu denken. Wir hatten oft schon genug damit zu tun, das Dringendste unterzubringen: Törn und Strecke planen, Wetter beobachten, Wartungsarbeiten an Maschine und Rigg, einkaufen, kochen, abwaschen, sich an Schiffsbewegungen gewöhnen, Tiere beobachten und – den Ausguck nicht vernachlässigen. Denn bis zum Herbst hatten wir vor, in südlichen Gefilden sein. Das raue Klima im nördlichen Mittelmeer lässt einen ja wie von selbst nach Süden ziehen. Erst in Almería, im Herzen des Mare Plastico, kamen wir mit der „Bootsschule" regelmäßiger voran.

Auch mussten wir dafür Sorge tragen, dass Kindberts Leben nicht zur Gänze aus Verzicht bestand. Oft genug hatte er Heimweh, vermisste den Wald, seine Freunde, sein Wien. Wir können mit gutem Gewissen von uns behaupten, unter jedem Baum an der gesamten Mittelmeerküste gestanden zu haben, Kindbert hat sie alle bestiegen, und oft haben wir darunter gepicknickt. Gelernt hat nicht nur Kindbert jede Menge, und alles davon finden wir auch jetzt noch überaus brauchbar. Vielleicht nicht in jeder Situation und zu jeder Zeit. Aber wer weiß, wohin es Kindbert in seinem Leben einmal verschlägt. Wir wissen darüber hinaus mittlerweile auch, dass in Kroatien keine Fische mehr schwimmen. Wir wissen, dass man süßes Wasser im Boot weniger fürchten muss als Tretboote bei Nacht, dass Italien ein fantastisches Land voller landschaftlichen Reichtums und sozialer Gegensätze ist und dass Inseln im Mittelmeer schön und schrecklich zugleich sein können. Wir wissen, dass eine Fahrt von Sardinien nach Mallorca bei wenig Wind vielleicht trotzdem durch üble Wellen von Norden geht und dass man für den Mohnstrudel nicht die Oma anrufen muss, wenn man damit die Hafenarbeiter in Andalusien beeindrucken will. Wir wissen, dass Spanien noch viel größer ist, als es auf der Landkarte erscheint, und dass das Mittelmeer an mancher Stelle voller Leben ist. Und: Wir wissen, dass das Segeln im Winter oft an menschenunwürdige Belastbarkeitsversuche von Mensch und Maschine erinnert. All das sind Erfahrungen, die wir nun in unseren Herzen mit uns herumtragen und die uns wieder für weitere Reisen motivieren werden – so viel ist sicher.

Wer das kleine Glück nicht am Schopf packt, geht ja bekanntlich am großen Glück vorbei, so ein altes Sprichwort. Eine Reise im Mittelmeer, so wissen wir heute, hat genug zu bieten, jedenfalls für uns drei Alpenländer ohne große Erfahrung im Fahrtensegeln. Eine endlose Menge aus geschichtsträchtigen Orten (Messina), Inseln (Cabrera), Stränden (Espalmador), Vulkanen (Stromboli), Wüsten (Cabo de Gata) liegt hinter unserem Kiel.

Derzeit liegt ILVA zehn Fahrstunden von Wien entfernt in einem Hafen in der Toskana. Vorerst wird sie dort bleiben. Wie lange, ist noch ungewiss. Aber das wird sich klären, wenn wir einst auf Elba unter jedem Baum gepicknickt haben. Vielleicht klettert ja auch Kindberta gern.

Der treuen Leserschaft sei hiermit gedankt. Und wer sich für den technischen Werdegang von ILVA und für unsere zukünftigen Reisen interessiert, dem sei unser Blog empfohlen: *http://ilvaaufsee.net*.

Bibliografische Information
der Deutschen Nationalbibliothek
Die Deutsche Nationalbibliothek
verzeichnet diese Publikation in der
Deutschen Nationalbibliografie;
detaillierte bibliografische
Daten sind im Internet über
http://dnb.dnb.de abrufbar.

1. Auflage
ISBN 978-3-667-10267-6
© Delius Klasing & Co KG, Bielefeld

Lektorat: Birgit Radebold, Monika Hoheneck
Titelbild: mbbirdy/getty images
Fotos: Christoph und Bernadette Gusel
Einbandgestaltung & Layout: Felix Kempf; www.fx68.de
Lithografie: Mohn Media Mohndruck, Gütersloh
Druck: Print Consult, München
Printed in Slovakia 2015

Alle Rechte vorbehalten!
Ohne ausdrückliche Erlaubnis
des Verlages darf das Werk weder komplett
noch teilweise reproduziert, übertragen
oder kopiert werden, wie z. B. manuell oder
mithilfe elektronischer und mechanischer Systeme
inklusive Fotokopieren, Bandaufzeichnung
und Datenspeicherung.

Delius Klasing Verlag
Siekerwall 21
D - 33602 Bielefeld
Tel.: 0521/559-0
Fax: 0521/559-115
E-Mail: info@delius-klasing.de
www.delius-klasing.de